알아두면 쓸모 있는
철학 상식 사전

* 일러두기

1. 이 책에 등장하는 외래어 용어 및 인명, 지명 등은 국립국어원의 표기를 따랐습니다.
   그러나 관용적으로 굳어진 표현들은 예외를 두었습니다.
2. 표와 그림 캡션을 제외한 굵은 글씨는 원서에서 이탤릭체로 강조한 부분입니다.

마이클 무어 지음 | 이규리 옮김

알아두면 쓸모 있는
철학 상식 사전

PHILOSOPHY : 50 ESSENTIAL IDEAS

CRETA

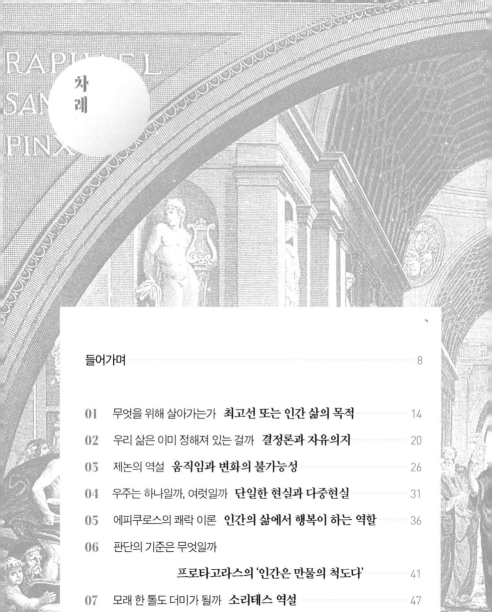

이 책의 목적은 철학의 50가지 핵심 개념을 살펴보는 것이다. 이토록 심오하고 창의적이며 영향력이 큰 개념들을 떠올린 철학자들의 혜안은 경이롭다는 말로도 부족하다. 이 책은 수 세기에 걸친 철학사와 수많은 철학자의 생애를 담고 있다. 여기 나온 개념들은 인간의 삶과 앎을 둘러싼 현실에 대해 평생 온 힘을 다해 고민한 철학자들과 사상가들이 남긴 생각의 총결산이다. 이 철학자들은 자신들이 읽고 말하고 생각한 이론을 다시 서로 묻고 답하며 발전시켜 왔다. 이제 독자 여러분이 철학적 실천의 정수, 철학적 대화에 참여할 차례다.

어떤 책이든 철학적 가치가 있는 개념을 전부 수록하려면 두께가 상당해질 수밖에 없다. 그러나 이 책은 고대 그리스부터 현대에 이르는 철학 개념 중 50가지만 선별했기에, 모두 탁월하고 흥미롭다는 미

라파엘로의 〈아테네 학당〉 그림은 가운데 위치한 플라톤과 아리스토텔레스를 중심으로, 역사상 가장 중요한 철학자들을 다수 묘사하고 있다.

덕을 품고 있다. 이 책에 등장하는 철학자들은 탁월한 선구자로, 이들의 개념을 소화하려면 독자 여러분도 골똘히 사색해야 할 것이다.

복잡한 철학적 개념을 단순하고 명료하게 요약해 전달하고자 했지만, 정확히 이해하기 위해서는 독자들도 조금의 노력은 필요하다. 가끔은 페이지를 넘기려다 잠시 멈추거나, 한 챕터를 통째로 다시 읽어야 할지도 모른다. 하지만 아리스토텔레스나 데카르트가 고민했던 것과 같은 문제의식을 스스로 생각해 소화하는 것은 매우 보람 있는 지적 활동이 될 것이다.

다른 모든 책이 그렇듯, 이 책은 읽기에 더해 이해하는 즐거움을 선사한다. 그래서 각 챕터를 짧고 이해하기 쉽게 썼으며, 다양한 삽화도 첨부했다. 이를 충실히 활용하면 좋겠다. 다른 책보다도 특히 철학책은 이해하지 못하면 즐겁게 읽기 힘들다.

초반부에서는 고대 철학을 다루고 후반부에서 근세에서 현대까지의 철학을 다루는 등 대체로 연대기적 구성을 따랐다. 중반부는 선과 악, 신의 존재 등 광범위한 개념들을 다룬다.

이 책은 먼저 아리스토텔레스의 4원인론(13장), 키르케고르의 인생의 3단계(25장) 등 다양한 철학자들의 핵심 사상은 물론 뉴컴의 역설(44장), 게티어 문제(37장) 등 철학적 난제들도 다룬다. 이는 각 사상의 가치나 효용을 판단하는 것이 아니라 다양한 사상에는 여러 가지 맥락과 목적, 시각이 있다는 점을 나타내기 위해서다.

이 책을 읽는 동안 독자들은 사상적 개념 자체가 어느 정도는 철학적 수수께끼라는 점을 알 수 있을 것이다. 많은 사상이 자기완결적이며, 그렇게 설명할 수 있다. 예를 들면 제논의 역설 중 하나는 이동이 불가능하다는 것이다. 그러나 많은 철학 사상은 서로 닿아 있으며 다른 개념들과 연결되어 있다. 가령 힘에의 의지, 군중 심리, 신의 죽음 등을 이야기하지 않고 니체의 초인 개념을 논하기는 불가능하다. 왜냐하면 이 모든 것은 초인을 이해하기 위한 핵심 개념이기 때문이다.

마지막으로, 위와 같은 이유로 이 책의 많은 챕터는 다른 챕터들과 내용이 살짝 겹친다고 여겨질 수 있다. 즉 아리스토텔레스의 범주론은 플라톤의 이데아론에 대한 철학적 대답이라 할 수 있으며, 데카르트의 코기토 명제는 '회의주의 훑어보기' 챕터에 등장한 피론주의자들의 공격에 대한 답변이기도 하다. 이처럼 철학사는 다양한 사상이 서로 연결되어 있으며, 심지어 당신의 생각마저도 다른 사상과 영향을 주고받는다.

01

무엇을 위해 살아가는가

최고선 또는 인간 삶의 목적

인간 삶의 궁극적 목적은 무엇일까? 이는 아마도 우리의 행복과 행동, 미래에 영향을 끼치는, 인류에게 가장 중요한 물음일 것이다. 이는 대단히 흥미로운 주제로서 고대 그리스에서 수많은 철학 학파들에 의해 다양하게 해석되어 논쟁과 대립을 불러일으켰다.

고대 그리스의 철학자들이 이 주제를 놓고 이야기할 때 사용한 단어는 그리스어로 '목적' 또는 '목표'를 의미하는 텔로스telos로, 아리스토텔레스(기원전 384~322)가 처음 윤리학의 주제로 제기한 개념이다. 인생의 목표는 제각각 다를 수 있다. 다만 이 논쟁에는 우리의 삶이 나아가야 하는 최종 목적지, 즉 인간이 존재하는 데에는 이유가 있다는 최소한의 합의 또는 전제가 있었다. 텔로스란 미래에 대한 막연한 희망보다는 우리가 지금 어떻게 살아가야 하는지 질문하게 만드는 개념이다. 삶의 궁극적 목적은 이러저러하게 살아가라는 제안이나 충고가 아니라 그 자체로 따라야 할 이상理想인 최고선最高善, the Good 이다.

에피쿠로스학파

쾌락을 최고선으로 여긴 에피쿠로스학파는 여러 학파 중 가장 많은 논란에 시달렸다. 즐거움이 갖는 최소한의 미덕조차 부정하는 사람은 거의 없지만, 에피쿠로스학파는 쾌락이 제1순위라고 지나치게 단호히 주장해, 육체적 탐닉이나 부도덕한 삶을 추구한다는 의혹을 받기도 했다.

최고선이 실제로 존재한다는 전제는 논리적으로 그것을 제외한 모든 것이 최고선을 달성하기 위한 수단으로 사용될 수 있다는 것으로 귀결된다. 에피쿠로스학파는 이 논리에 따라 다른 사람들이 이상적으로 보는 것을 경시했을 뿐만 아니라, 가끔은 본질적으로 나쁘게 보이는 것조차도 최고선을 달성하기 위한 수단으로 선택하기도 했다. 그래서 에피쿠로스주의자들은 덕을 무시한다거나 쾌락을 좇느라 부끄러운 수단까지도 수용한다는 비난을 받았다.

스토아학파

스토아학파는 에피쿠로스학파에 대한 좋은 반례 역할을 한다. 이들이 최고선이자 유일한 이상으로 생각한 것은 쾌락이 아니라 덕德, virtue이었다. 이 믿음에 따른 중요한 두 가지 결과가 있다. 첫째는 사람이 극심한 가난이나 질병처럼 아무리 끔찍하고 어려운 상황에 처했더라도 오직 덕만 있다면 행복을 얻을 수 있다는 점이다. 그 무엇도 홀로 완전한 덕의 이상적 속성을 앗아갈 수 없다면, 같은 논리로 덕의 이상적 속성에 무언가를 더해줄 것도 존재하지 않는다. 그래서 스토아주의자에게는 덕에 돈을 더하든 출중한 외모를 더하든, 덕 자체와 마찬가지로 이상적이다.

스토아학파와 에피쿠로스학파는 최고선에 대해 뿌리부터 다른 주장을 했기 때문에 격렬한 철학적 라이벌 관계를 유지했다. 두 철학이 기인하는 공통의 토대를 구하는 것도 둘 사이에 벌어진 논쟁의 일부였다. 이를테면 자연 개념이 바로 그 토대였다. 에피쿠로스학파와 스토아학파 모두 자연에서 근거를 찾았다. 에피쿠로스학파는 어린 아이나 동물도 태어나는 순간부터 자연스럽게 즐거움을 추구한다고 말한 반면, 스토아학파는 어린 생명에게서 관찰할 수 있는 것은 덕으로 이어지는 자기 보존 본능이라고 주장했다.

페리파토스학파

아리스토텔레스가 제자들을 가르칠 때 산책하던 버릇에서 그 이름을 딴 페리파토스학파는 최고선에 대해 더 넓은 개념을 가지고 있다. 아리스토텔레스는 인간이 살아가는 목적이 행복 그 자체라고 생각했으며 행복을 이성理性에 따라 도덕적으로 살아가는 삶의 총체로 이해했다. 한편 여기서 '총체적인 삶'이라는 개념은 살아온 기간 이상의 의미를 갖는다. 이는 자신과 비슷한 수준의 덕성을 갖춘 거주민들과 함께 사는 도시 또는 공동체라는 맥락 안에서 우정과 건강, 적정한 재정적 수단 등 부차적으로 좋은 요소가 다양하게 갖춰지는 것을 포함한다. 즉 아리스토텔레스는 덕을 이상적으로 파악하는 스토아학파에 동의하는 한편, 외부의 다른 좋은 요소를 포괄해야만 덕을 얻을 수 있다고 주장한다. 아리스토텔레스는 쾌락도 바람직하다고 보지만, 이는 실제로 좋은 것을 추구하고 획득하면서 자연스럽게 얻는 결과다.

아리스토텔레스는 인간이 어떻게 행동해야 할지 방향을 일러주는 '텔로스' 개념을 착안했다. 이 텔로스가 무엇이어야 하는지 결정하는 것이 철학의 목적이었다.

플라톤주의적 견해

우리는 플라톤(기원전 428~348)의 가장 단순하면서도 난해한 최고선 개념을 어렴풋이 알고 있다. 그는 아리스토텔레스처럼 행복을 향한 믿음에 충실했고, 덕은 행복을 얻는 방식이라고 주장했다. 행복은 진리를 탐구하는 삶, 그중에서도 특히 자신을 성찰하는 삶을 지향할 때 얻을 수 있다. 이는 성찰하지 않는 삶은 살 가치가 없다는 소크라테스 정신의 근원이다. 플라톤에게 앎과 행복은 밀접하게 연관되며, 몇몇 대목에서 그는 앎만으로도 덕과 행복의 충분한 원인이 된다고 강하게 암시하곤 한다.

최고선은 쾌락처럼 세속적이거나 일상적이어서 다양한 악의 원인이 되거나 우정처럼 언젠가 끝나버리는 것이 아니다. 유한한 생을 사는 인간이 하는 고민의 최종 목적은 선의 이데아the Form of the Good 다. 플라톤은 이 막연한 실체entity를 구구절절 설명하지 않는다. 다만 선의 이데아는 플라톤 철학의 핵심 개념이며 그것이 다른 모든 이데 아를 탁월하게 하는 원인이기 때문에 중요하게 다뤄진다. 심지어 덕 의 선한 속성조차도 선의 이데아에서 비롯한다. 이렇듯 선의 이데아 는 우리가 겪는 경험을 초월하기에, 플라톤은 심지어 '존재를 넘어선 것'이라고 말한다.

피론주의적 견해

학파에 따라 최고선을 설명하는 입장이 각기 다르므로 어느 설명이 가장 옳은지 혼란스러울 수 있다. 후기 그리스의 철학 학파 중 피론 의 회의주의 학파도 이렇게 페리파토스학파, 플라톤주의자들, 스토 아주의자들과 에피쿠로스주의자들이 견해를 두고 경쟁하는 와중에 비슷한 혼란을 겪었던 것으로 보인다. 플라톤주의자들이 모든 것을 초월하는 최고선을 주장하는 한편 에피쿠로스주의자들은 너무나 익 숙한 쾌락이라는 선을 주장했다. 회의주의자들은 최고선에 대한 이 모든 논쟁이 우리를 행복하게 하기보다 억누른다고 생각했다. 궁극 적 목적이나 최고선은 역설적이게도 회의주의자들에게 최고선이 무 엇인지 정의하려는 노력을 그만두게 했다. 피론주의자의 최종 목적 은 그리스어로 '아타락시아ataraxia'라고 부르는 평정平靜이다. 이 고요 한 상태를 지킬 방법은 어떤 종류의 믿음도 갖지 않는 것인데, 믿음 은 행복의 적인 소란을 일으킬 뿐이기 때문이다.

학파	최고선
에피쿠로스학파	쾌락
스토아학파	덕 자체
아리스토텔레스주의	덕 + 내·외부의 좋음
플라톤주의	이데아와 선의 이데아에 대한 앎
피론주의적 회의주의	평정(아타락시아)

02

우리 삶은 이미 정해져 있는 걸까
결정론과 자유의지

사랑, 일, 우정, 믿음, 여가 등 우리 삶에 중요하고 의미 있는 모든 행위는
우리가 선택하는 문제로 보인다. 하지만 만약 우리가 아니라 다른 존재,
다른 무엇이 우리 삶을 결정하고 있다면 어떨까?

우리가 하는 모든 행동과 선택이 이미 결정된 것이라면, 우리는 왜
그 사실을 굳이 알고 싶을까? 유일신 또는 수많은 신이 있다면, 우리
의 삶은 줄에 매달린 인형과 같은 것일까?

결정론을 거부한 아리스토텔레스

아리스토텔레스는 위와 같은 생각을 하다가 미래에 대한 생각과 미
래 자체를 구별하기에 이르렀다. 그는 미래가 이미 정해져 있고 어찌
할 수 없다는 결정론은 옳지 않다고 생각했다. 결정론에 대한 아리스
토텔레스의 기본 문제의식은, 우리는 우리가 상황을 더 나아지게 할
수 있다고 볼 때에만 그다음 어떤 행동을 할지 생각한다는 점이다.
반면 우리가 어찌할 수 없는 문제에 대해서는 그런 생각을 하지 않는

알아두면 쓸모 있는 철학 상식 사전

다. 우리는 내일 해가 뜰지 뜨지 않을지 고민하지 않는다. 그런 생각을 할 수는 있지만, 인간은 태양에 전혀 영향력을 미칠 수 없기 때문에 진지하게 고민하지는 않는다. 그런 생각을 할 수도 있고 그런 일이 일어나길 바랄 수도 있지만, 우리가 실제로 진지하게 숙고하는 것은 개인적 행위자로서 실행할 수 있는 그다음 행동이다.

아리스토텔레스의 다음 논점은 미래에 대한 명제는 다른 모든 명제가 그렇듯 참이거나 거짓이라는 점이다. 그는 해전海戰의 예시를 들어, "내일 해전이 있을 것이다"라고 말한다. 이 명제가 참이거나 거짓이라면, 바로 지금 이 시점에도 참이거나 거짓이다. 내일 해전이 발생한다는 이 명제가 지금 참이라면 해전은 불가피하다. 해전이 불가피하다고 인정하는 것은 해전이 미리 결정되었다고 말하는 것과 다르지 않다. 한술 더 떠, 과거는 바꿀 수 없다. 즉 해전이 일어날 것이라는 명제가 과거에 사실이었다면 이는 미래를 바꿀 수 없고, 미래를 바꾸려면 과거를 바꿔야 하는데 과거는 바꿀 수 없다. 여기서 아리스토텔레스는 영리한 문제를 제기한다. 과거를 바꿀 수 없듯이 현재도 바꿀 수 없다는 점이다. 당신이 지금 이 책을 읽고 있다면, 바로 이 시점에서 당신이 독서하고 있다는 명제는 참이며 독서를 하지 않는 행위는 불가능하다. 바로 지금 무슨 일이 일어나고 있다면 우리는 과거나 미래보다는 그 일의 결과에 직접적인 행위성을 갖는다.

필연성과 운명에 대한 추상적인 논의에 덧붙여, 이 문제에는 인간적인 부분도 있다. 아리스토텔레스는 무지 등으로 생각이 흐려지지 않은 상태에서 믿음 같은 내적 원리에 따라 선택한 행위를 '자발적 행위'라고 정의했다.

‘비자발적 행위’는 폭풍우를 만나 큰 바다에서 떠밀려 간 선원처럼 우리가 어찌할 수 없는 행동을 말한다. 어떤 행위는 상황에 따라 자발적이면서 비자발적일 수도 있으므로, 아리스토텔레스는 이 둘이 섞일 수 있다고 본다. 항해 중 폭풍우를 만나 승객의 목숨을 살리고, 배를 건지려고 배에 실린 화물을 던져버리는 선원을 생각해 보자. 선원 스스로가 무엇을 해야 하는지 분명히 알고 행동하는 것이므로 이는 자발적인 행위고, 동시에 폭풍우라는 특수한 상황 때문에 평상시라면 하지 않았을 행위를 하게 되었으므로 비자발적 행위이기도 하다.

내일 해전이 있으리라는 것은
지금 시점에서 참이거나 거짓이다.

지금 시점에서 참이라면, 해전이 있으리라는
명제는 미리 결정된 것이다.

아리스토텔레스의 해전 예시

결정론을 받아들인 스토아학파

스토아학파는 아리스토텔레스와 달리 오늘날 '양립주의'라고 부르는 관점을 갖고 있었다. 양립주의는 미리 결정된 행위와 자발적으로 선택한 행위가 양립 가능하다는 믿음이다. 매일매일 일어나는 선택의 상황에 이 믿음이 어떻게 작용했는지 이해하려면 우리는 스토아학파의 두 가지 원리를 먼저 알아야 한다.

첫째는 '개인의 본성'이라는 개념이다. 우리 모두는 어떻게 행동하는 것이 도덕적으로 옳은지 교육받은 내용과 스스로 내린 선택의 결과로 각자의 성격이나 본성을 지닌다.

지금 시점에서 거짓이라면, 해전이 있으리라는 명제는 미리 결정된 것이다.

둘째는 '인상' 개념이다. 스토아학파에게 인상이란 어떤 일이든 나름의 이유에 따라 바람직하거나 바람직하지 않게 보이는 것을 뜻한다. 그 예로 긴 하루를 보낸 사람 앞에 놓인 따뜻한 수프나 아늑한 침대를 들 수 있다. 이 수프는 맛있어 보이는 인상을 주므로, 우리는 먹는 행위를 선택한다. 우리에게는 수프를 먹지 않기로 결정할 능력도 있지만, 일단 먹기 시작했다는 점에서는 수프가 우리 행동을 촉발한 지점도 있다. 생물학적 층위에서는 수프의 맛을 즐기고 소화하도록, 심리학적 층위에서는 계속 먹으면서 수프에 대해 생각하도록 했을 것이다. 수프에 대한 우리의 반응은 우리의 성격 또는 본성을 반영한다. 즉 이 반응은 우리가 누군지를 반영하므로 '자발적'인 한편, 수프 자체가 우리 본성을 특정한 방식으로 행동하도록 만들고 있으

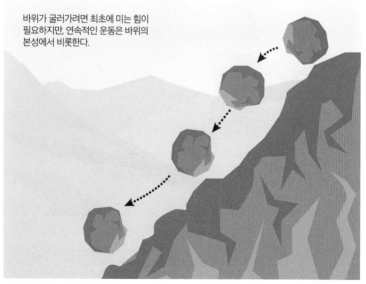

바위가 굴러가려면 최초에 미는 힘이
필요하지만, 연속적인 운동은 바위의
본성에서 비롯한다.

스토아학파의 자유의지 개념

알아두면 쓸모 있는 철학 상식 사전

므로 '비자발적'이다.

스토아학파의 자유의지 개념은 언덕 위를 굴러가는 둥근 바위 그림으로 잘 나타낼 수 있다. 언덕 꼭대기에 자리 잡은 바위를 누군가가 민다. 이때 미는 행위는 '인상'의 은유로, 수프를 응시하는 것과 같다. 이렇게 밀린 바위는 점점 더 빠르게 언덕 아래쪽으로 굴러 내려간다. 맨 처음 바위를 민 힘은 외부에서 왔지만 이 최초의 외력은 미미하다. 왜냐하면 바위가 굴러 내려가는 대부분의 움직임은 바위의 둥근 성질에서 동력을 얻기 때문이다. 이처럼 인상이 어떤 행동을 촉발한다 해도, 우리가 행하는 일 대부분은 우리의 본성이 결정한다.

03

제논의 역설
움직임과 변화의 불가능성

온전한 정신으로 사는 사람이라면 우주에 운동이 존재한다는 사실을 부정하기 어렵다. 움직이는 것들의 종류를 나열하자면 기차, 자동차, 벌, 새, 강아지, 구름 등 수없이 댈 수 있다. 우리 앞에는 매일매일 끝나지 않는 움직임의 퍼레이드가 벌어진다. 그러나 엘레아의 제논(기원전 495~430)은 바로 그 움직임을 부정했다.

엘레아의 제논은 '화살 역설'과 '아킬레우스와 거북의 역설' 등 철학사에 잘 알려진 역설을 착안한 사람이다.

'운동'을 부정함으로써 그는 자신의 멘토인 파르메니데스(기원전 475년경 활동)의 일원론一元論을 방어하려 했다. 제논은 운동이란 변화의 일종이고 변화는 차이를 요구하므로 움직임을 옹호한다면 다원론의 여지가 생긴다고 보았다. 이를 반박하려고 제논은 자신이 생각하기에 움직임이 불가능하다는 것을 보여주는

알아두면 쓸모 있는 철학 상식 사전

역설들을 생각해 냈다. 물론 일원론을 주장하려는 목적으로 이 역설들이 설계되지는 않았다. 제논의 의도는 이 역설들을 통해 다원론의 불합리함을 드러내 반박하는 것이었다.

화살 역설

화살 역설은 움직임을 부정하는 제논의 논리 중 가장 설득력이 떨어지는 예시라고 볼 수 있다. 이 역설은 우리가 시간을 순간적인 현재가 여럿 연결된 사슬로 인식한다는 것을 전제로 한다. 시간은 현재 순간의 집합으로 인식되기에, 만약 움직임이 일어난다면 이 시간 속에서 발생할 수밖에 없으며 움직임이 발생한 시간은 현재라고 해석할 수 있다. 이 경우에는 화살에 해당하는 사물이 '지금'이라는 현재에 놓여 있기 때문에 화살은 움직이지 않는다. 왜냐하면 이 상황에서 현재는 과거에서 미래로 흐르는 개념이 아니기 때문이다. 지금이라

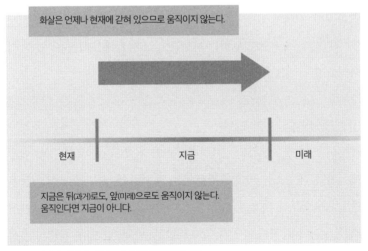

화살은 언제나 현재에 갇혀 있으므로 움직이지 않는다.

현재　　　　지금　　　　미래

지금은 뒤(과거)로도, 앞(미래)으로도 움직이지 않는다.
움직인다면 지금이 아니다.

화살은 언제나 현재에 머무르기에 움직이지 않는다.

는 현재의 순간은 여기 있지만, 미래로 나아가지 않으며 과거는 이미 지나갔다. 따라서 화살은 언제나 현재 시점에 머무르기에 움직이지 않았다는 결론을 내렸다. 자연스럽게 제논은 이 움직이지 않는 화살 예시를 통해 다른 모든 사물도 움직이지 않는다는 것을 사람들에게 설득하려고 했다.

달리기 역설

가장 잘 알려진 제논의 역설은 가장 단순하기도 하다. 이 예시에는 거리와 정지된 목표지점을 향해 달려가는 사람이 포함되어 있다. 이 역설에서 제논은 달려가는 사람이 실제로는 절대 목표에 도착할 수 없다고 생각했다. 왜냐하면 먼저 자신과 목표지점 사이의 절반 지점까지 도달해야 하기 때문이다. 그 절반 지점에 도달하려면 절반의 절반 지점에 도달해야 하고, 절반의 절반 지점에 도달하려면 절반의 절반의 절반 지점에 도달해야 한다. 예상대로, 이 절반 지점은 끝없이 연속된다. 결국 목표에 도착하기 전에 먼저 도달해야 하는 절반 지점이 무한히 계속되므로 달리는 사람은 목표지점에 도착할 수 없다. 결과적으로 움직임은 불가능하다.

아킬레우스와 거북 역설

제논의 또 다른 역설로는 '아킬레우스와 거북 역설'이 있다. 이 역설에서 아킬레우스는 거북을 추월하려고 하는데, 속도가 느린 거북은 아킬레우스보다 꽤 앞선 출발점에서 시작할 기회를 얻었다. 이 예시의 전제는 아킬레우스가 거북보다 훨씬 빠르다는 매우 합리적인 사실이다. 하지만 아킬레우스가 거북을 추월하기는 불가능하며, 아킬레우스는 거북을 앞서지 못한다. 먼저 아킬레우스는 지금 시점에서 거북이가 앞선 지점까지 달려가야 한다. 둘 사이의 거리가 어느 정도 인지는 상관없다. 세세하게 파고들 필요가 없다.

아킬레우스가 거북을 향해 달려가는 것이 아니라 거북이 있는 지점을 향해 달려간다고 상상하면 이해하기가 쉽다. 아킬레우스가 거북을 따라잡으려면 그는 자기가 출발한 곳보다 훨씬 앞선 지점에 도착해야 한다. 아킬레우스는 자신이 처음 출발할 때 거북이 있었던 지점에 도달하기만 하면 충분하다. 제논이 보여주려 한 것은 만약 아킬레우스가 처음 거북이 있던 지점에 도달조차 하지 못한다면 그가 거북을 앞서거나 따라잡을 수조차 없다는 점이었다.

그런데 아킬레우스가 거북을 결코 앞설 수 없는 이유는 거북이 계속 움직이고 있기 때문이다. 사실 경주가 시작할 때부터 둘 사이의 거리는 꽤 멀기 때문에, 거북이 얼마나 느리게 달리든지 상관없이 최소한의 거리가 계속 벌어져, 아킬레우스는 거북을 결코 따라잡을 수 없다. 아킬레우스가 달리는 동안 거북도 계속 새로운 지점으로 나아가기 때문이다. 거북의 속도가 느리다 해도 아킬레우스가 자신과 거북 사이의 거리를 좁히는 것보다 거북이 거리를 벌려 나가는 속도가 더 빠르다. 둘 사이의 거리가 약 400m이고 아킬레우스가 이만큼을 달리는 것보다 거북이 0.6cm를 더 빠르게 움직인다는 생생한 디테일을 덧붙여 보자. 꽤 합리적인 전제라고 느껴진다. 아킬레우스가 거북이 있던 위치로 달려가는 동안 거북은 이미 묵묵히, 더 빠르게 아킬레우스가 달려온 거리보다 앞선 위치에 도달한다. 그리고 이 과정은 매 순간 아킬레우스가 따라잡아야 하는 거북이가 아주 조금이라도 앞으로 가기 때문에 무한히 누적된다는 것이 제논의 역설이다.

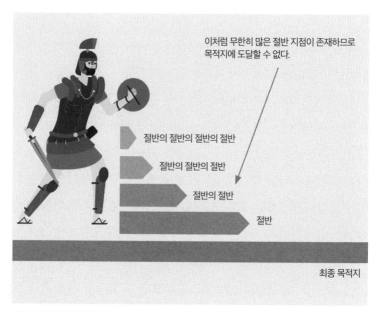

이처럼 무한히 많은 절반 지점이 존재하므로 목적지에 도달할 수 없다.

절반의 절반의 절반의 절반

절반의 절반의 절반

절반의 절반

절반

최종 목적지

달리기 절반 지점 역설

알아두면 쓸모 있는 철학 상식 사전

04

우주는 하나일까, 여럿일까
단일한 현실과
다중현실

현실이 과연 존재하는지, 존재한다면 그 현실이 무엇인지에 대한 질문은 아마도 철학의 가장 근본적인 물음일 것이다. 신의 존재 여부나 광활한 우주 속 우리 자신의 위치에 대한 질문 역시 사실은 이 근본 물음의 변주다. 왜냐하면 이런 질문들의 대답이 바로 우리가 현실에서 가장 배우고자 하는 중요한 부분이기 때문이다.

한 번도 생각해 보지 않은 방식으로 이 현실에 대한 질문을 들여다보자. 존재하는 모든 것을 우주라고 부를 때, 이 우주는 하나일까, 여럿일까? 우리가 세상에 존재하는 모든 것을 '우주'라는 단어로 묶어 부르는 것을 보면 분명 우주가 하나라는 느낌이 있는 것으로 보인다. 하지만 고대 그

파르메니데스는 모든 것이 하나의 실체라는 일원론을 주장한 가장 영향력 있는 철학자였다. 우주가 하나의 실체인지, 여럿인지에 대한 논의는 몇 해를 거듭해 격렬하게 진행되었다.

리스인들은 일원론과 다원론이라는 질문에 열광하며 철학의 역사상 아주 오랜 시간 동안 논쟁했다.

파르메니데스와 존재

고대 그리스에서 일원론을 가장 두드러지게 주장한 사람은 파르메니데스다. 그의 저작은 대부분 유실되었지만, 우주 일원론에 대한 그의 주장이 명확히 담긴 아름다운 서사시 〈자연에 관하여〉는 상당 부분 남아 있다. 이 서사시에는 여신이 등장해 진리의 길을 설명하는 등 현대적 관점에서는 다소 이상해 보일 수 있다. 하지만 그의 독창적인 관점을 전달하는 동시에 당시 우주 다원론을 주장하는 다른 철학적 설명을 반박할 목적으로 쓰였다고 이해할 수 있다.

우주가 단 하나의 실체라는 일원론은 특별히 직관적으로 다가오지 않는다. 우리는 따로 떨어진 개인으로 자전거, 구름, 별, 바다, 욕조와 의자 등 여러 사물을 본다. 이런 상황에서 우리가 어떻게 이 모든 것이 하나라는 생각을 이해할 수 있을까?

우리는 먼저 파르메니데스의 존재 개념을 이해해야 한다. 대부분의 사람처럼 파르메니데스는 무언가 존재한다면 그것은 있는 것이며, 존재의 속성을 갖는다고 본다. 이는 신발이나 강아지처럼 존재하는 모든 것에 해당한다. 여기까지는 논쟁의 여지가 없으며 어떤 점에서는 이를 선언하는 것이 어리석게 느껴지기도 한다. 그러나 파르메니데스는 존재를 뒤집은 '비존재' 개념을 주장했다. 파르메니데스는 비존재 개념을 통해 존재하지 않는 것과 존재의 속성을 갖지 않은 것을 구별하고자 했다. 이렇게 비존재를 논의하면 무언가 특이한 점을 찾을 수 있다. 우리는 비존재가 존재하지 않는, 없는 것이라고 말할 수 있다. 이때 주목할 지점은 '있지 않은 무언가'다.

있지 않을 수 없는, '있다'는 속성의 특징

앞서 우리는 파르메니데스의 존재와 비존재 개념을 살펴보았다. 이 존재와 비존재 개념에서 특히 주목할 부분은 파르메니데스가 굉장히 열의에 차서 이 둘을 정의했다는 점이다. 있는 것은 있고, 없는 것은 없다. 이는 단순한 반복 이상이다. 여기서 파르메니데스의 의도는 무언가 존재한다면 그것은 존재하는 상태로 있을 수밖에 없다는 것이다. 그것이 그 상태로 존재하기를 멈춘다면, 그것은 있지 않다. 그러나 앞에서 우리는 있는 것은 있다고 이미 이야기했다. 있는 것을 있지 않다고 말하는 것은 앞뒤가 맞지 않는다. 다르게 비유하자면, 이는 노란 것을 검다고 하는 것과 비슷하다고 볼 수 있다. 노랑과 검정은 반대되는 개념이 아니지만 존재와 비존재가 완전한 반대 개념이라는 점을 제외하면 말이다.

근래 들어 파르메니데스를 연구하는 철학자들은 그의 언어학적

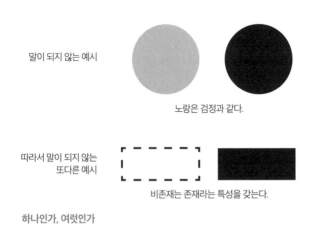

말이 되지 않는 예시

노랑은 검정과 같다.

따라서 말이 되지 않는
또다른 예시

비존재는 존재라는 특성을 갖는다.

하나인가, 여럿인가

측면에 주목하는 쪽으로 방향을 틀었다. 파르메니데스의 저작에서 찾을 수 있는 더욱 단호한 명제는 '있지 않은 것은 알 수 없고, 있지 않은 것을 말할 수도 없다'이다. 이 명제의 후반부는 대개 존재하지 않는 무언가는 세상에 없는 것이기 때문에 그에 대해 논할 수 없다 (또는 말하기를 주저해야 한다)는 뜻으로 해석된다.

아주 단순하게, 말하는 행위가 어떤 결과를 낳는지를 주목하면 더욱 흥미로운 가능성을 찾을 수 있다. 우리가 단어, 특히 명사를 사용할 때 그 명사는 우리 외부의 사물을 가리킨다는 언어적 전제를 깔고 있다. 사과나 자전거, 구름과 같은 명사를 주제로 말하는 행위를 일컬어 무언가에 대해 이야기한다고 한다. 즉, 만약 우리가 존재하지 않거나 비존재의 특성을 가진(다고 주장하는) 것에 대해 이야기한다면, 사실 우리는 비존재가 아니라 존재에 대해 이야기하는 것이다. 이는 비존재가 존재한다는 뜻이 아니라, 비존재에도 존재의 특성이 있다는 의미다. 우리가 언어를 쓰는 방식 때문에 비존재에 대해 논하기란 불가능하다는 것이 아니라, 우리는 무의식중에 우리가 언급하는 것들이 비록 제한적인 방식으로나마 존재한다는 생각을 따른다는 의미다.

이 해석이 옳다면, 파르메니데스는 '~이다'를 '존재한다'의 동의어로 간주하는 것으로 보인다. 그는 존재라는 개념에 매우 흥미를 보였다. 그에 따르면 존재는 적어도 두 가지 방식으로 이해될 수 있다. 첫째는 존재의 가능성이고, 둘째는 인식의 가능성이다. 파르메니데스는 존재의 이 두 가지 측면이 밀접하게 연관되어 있다고 보았다. 만약 무언가 존재한다고 인식될 수 있다면, 그것은 정말로 존재한다. 인식될 수 없다면 그것은 존재하지 않는다.

알아두면 쓸모 있는 철학 상식 사전

파르메니데스의 논변은 일면 큰 설득력을 갖는다. 첫째는 무언가 존재한다면 그것에 대해 생각할 수 있다는 것이다. 이는 합리적인 생각으로 보인다. 다만, 존재하지 않는 것은 존재할 수 없다는 견해에 주목해 보자. 이는 없는 것은 말해질 수도 없다는 그의 명제를 바꿔 말한 것이다. 이는 그 어떤 변화나 없었던 것이 존재하게 되는 상황, 즉 탄생, 생성, 노화 등에도 똑같이 적용된다. 물론 파르메니데스는 모든 존재가 하나라고 주장하므로 그에게 이것은 별것 아닌 문제다. 하지만 파르메니데스의 입장을 더 명확하게 들여다보면 이 명제는 지금 당장 존재하지 않는 것은 미래에도 결코 존재할 수 없다는 말과 같다.

	말할 수 있는	말할 수 없는
존재	O	X
비존재	X	O

05

에피쿠로스의 쾌락 이론
인간의 삶에서
행복이 하는 역할

에피쿠로스주의를 확립한 철학자로 유명한 에피쿠로스(기원전 341~270)
는 쾌락에 탐닉하는 방탕한 사람이었다고도 알려져 있다. 하지만 진실성
과 별개로 그에 대한 평가 자체는 쾌락을 뜻하는 그리스어 **헤도네**hedone
에서 비롯된 단어 헤도니스트hedonist(쾌락주의자)라고 스스로 고백한 데
서 기원한다.

하지만 에피쿠로스의 고백만으로 헤도니즘hedonism(쾌락주의)이 논
리적 근거 지향점 없이 그저 쾌락만을 추구하는 관점이라고 단언할
수는 없다.

쾌락의 자연스러운 측면

에피쿠로스의 쾌락 이론은 그가 세계를 본질적으로 물리적인 것으
로 파악한 데서 기원을 찾을 수 있다. 세계는 눈앞에 보이는 그대로
다. 사후 세계는 존재하지 않으며 신들은 우리 인간이 현실을 살아가
며 맞닥뜨리는 문제에 아무 관심 없이 저 멀리서 행복하게 살아갈 뿐

알아두면 쓸모 있는 철학 상식 사전

이다. 에피쿠로스의 경험에 대한 인식은 물리적 세계에 기반을 둔 육체적 관능에 기초했기에, 그는 육체적 쾌락이 아니면 쾌락이 무엇인지 알 수 없다고 이야기했다.

이러한 쾌락 개념에 덧붙여 에피쿠로스는 어떤 쾌락이 우선인지 다양한 방식으로 정의했다. 쾌락이나 즐거움은 갓 태어난 인간 아기나 동물의 새끼가 인생에서 처음 좋는 것이다. 그들은 먹고 마시는 즐거움과 은신처, 그리고 비슷한 다른 인간이나 동물과 어울리는 편안함과 즐거움을 추구한다. 이 모든 것에 공통적으로 드러나는 특징이 쾌락의 일반적 범주를 구성한다.

그러나 에피쿠로스는 파티나 음주를 동반하는 화려한 삶을 추구하지 않았다. 반면 그는 빵을 먹고 물을 마시는 가장 기초적인 쾌락이 최고라고 생각했다. 어떤 점에서 이는 매우 세심하다. 음주를 예로 들면, 과음한 날에는 숙취가 뒤따른다. 그러므로 애당초 음주를 할지 여부를 결정할 때 숙취의 불쾌감을 함께 고려해야 한다.

한편 금욕적인 삶이 주는 이점이 있다. 오직 빵만 먹으며 살아간다면 빵만 먹어도 즐거움을 느낄 수 있을 뿐 아니라 가끔 더 좋은 식사를 하거나 더

에피쿠로스는 인간이 다른 무엇보다 즐거움과 쾌락을 추구해야 한다는 사상을 가진 것으로 널리 알려졌지만, 고통을 피하는 것도 그와 똑같이 중요하다고 보았다.

많은 음식을 먹을 때 더 큰 즐거움을 누릴 수 있기 때문이다.

결과에 따른 쾌락의 구분	
동적 쾌락	정적 쾌락
회복 아님	회복
예 : 갈증을 해소한 상태에서도 마시는 음료	예 : 갈증을 해소하기 위해 마시는 음료

정적인 쾌락과 동적인 쾌락

빵과 물만 먹을 때 느끼는 쾌락과 캐비어와 와인을 즐길 때 느끼는 즐거움의 예시를 확장해 보자. 에피쿠로스는 행복을 두 가지 차원으로 정의했다. 바로 정적인katastematic('그 자리에 머물러 있는'이라고 부르기도 한다) 쾌락과 동적인kinetic 쾌락의 구분이다. 에피쿠로스가 이 개념을 언급한 저작이 많이 유실되었기에 둘 사이의 구분이 명확하지는 않다. 다만 이 구분은 기본적으로 동적인 쾌락은 단순한 만족을 넘어서는 개념이고, 정적인 쾌락은 자연 상태로의 회복과 관련이 있다고 알려져 있다. 갈증을 해소하는 행위는 정적인 쾌락으로 분류한다. 갈증의 고통을 느끼지 않는 자연 상태로 돌아가는 행위이기 때문이다. 반면 바닷가에서 말을 타고 전력으로 질주할 때 느끼는 즐거움은 동적인 쾌락이다. 이 쾌락은 단순한 만족이나 동적인 쾌락이 주는 회복 이상의 차원이기 때문이다. 그러나 이 구분이 동적 쾌락이 정적 쾌락보다 더 바람직하다는 뜻은 아니다. 더 살펴볼 내용에서도 알 수 있듯, 우리가 삶에서 추구해야 할 목표는 일종의 정적인 쾌락에 더 가깝다.

쾌락의 자연스러운 본질과 그 필요성

쾌락을 분류하는 다음 차원은 세 가지로 구성되어 있다. 이 세 가지는 쾌락이 자연스럽고 필요한 것인지 생각해 보는 과정에서 파생되었다. 즉 쾌락에는 먹고 마시고 몸을 누일 곳을 찾는 등의 자연스럽고 필수적인 쾌락이 있다. 또한 맛있는 음식을 먹고 성적 행위를 하는 등 자연스럽지만 필수적이지는 않은 쾌락이 있다. 마지막으로 자연스럽지도 꼭 필요하지도 않은 쾌락으로 권력이나 명성, 부 등이 있다. 자연스럽고 꼭 필요한 쾌락은 늘 추구해야 할 것, 자연스럽지만 꼭 필요하지 않은 쾌락은 때때로 추구해도 괜찮은 것, 자연스럽지도 필요하지도 않은 쾌락은 전적으로 피해야 하는 것으로 이 세 종류의 쾌락이 위계를 이루고 있다.

그렇다면 이 위계에는 빠져 있지만, 꼭 필요하되 자연스럽지 않은 쾌락의 경우는 어떨까? 에피쿠로스의 논변에서 이 쾌락이 빠진 이유는 그의 관점에서 자연은 우리가 자연스럽게 욕망하는 모든 것을 제공하기 때문이다. 그래서 음식처럼 우리에게 꼭 필요한 것은 자연스러운 욕망이다. 빵 같은 사물이 주는 필수적인 쾌락은 쉽게 얻을 수 있지만, 자연이 우리에게 세 가지 코스로 구성된 해산물 디너를 제공하는 일은 거의 일어나지 않는다.

자연은 우리에게 음식이나 마실 것과 같은 즐거움을 주는 사물을 제공한다. 이때 즐거움은 자연 상태로의 회복을 의미하는 정적 쾌락이자 자연스럽고 필수적인 쾌락으로 볼 수 있다. 이렇게 쾌락을 세세하게 분류하면 우리는 에피쿠로스의 쾌락에 대한 논변에서 또 하나의 중요한 고통이라는 핵심 개념을 발견할 수 있다. 음식이 주는 즐거움은 배고픔이 주는 고통의 반대 개념이다. 우리가 음식이 주는 즐거움이 필수라고 생각하는 것은 그 즐거움이 없다면 배고픔의 고통이 우리를 죽음에 이르게 할 수도 있기 때문이다.

헤도니즘에서 고통은 중요한 역할을 한다. 우리는 고통에 비추어 쾌락을 인식하고 즐거움을 누리며, 즐거움을 느끼기에 앞서 고통을 느끼기도 하고, 쾌락 자체가 고통스러울 때도 있다. 에피쿠로스의 논리에서 고통이 갖는 가장 놀라운 측면은 그가 가장 높은 차원의 쾌락이란 '고통이 없는 상태'라고 정의했다는 점이다. 고통이 없는 상태가 아닌 다른 쾌락은 그저 다양한 쾌락 중 하나일 뿐이다. 즉 고통이 없는 상태가 질적으로 가장 수준 높은 쾌락이며, 다른 모든 쾌락은 가장 바람직한 상태에 이를 수 없는 다양한 즐거움의 변주라는 의미다.

고통이 없는 것이 지고의 쾌락이라는 인식은 에피쿠로스가 고통을 제거하는 것을 인생의 목적으로 삼는 결과로 이어졌다. 육체의 고통과 정신의 잡음이 없는 상태에 머무르는 것이 에피쿠로스학파가 추구하는 삶의 목적이다.

	자연스러운 것	부자연스러운 것
필수적인 것	추구해야 하고 얻기 쉬운 것 예 : 음식, 마실 것, 은신처	존재하지 않음 필요한 모든 것은 자연에서 얻을 수 있음
필수적이지 않은 것	얻기 쉽지 않고 추구해도 괜찮은 것 예 : 좋은 음식, 성관계	얻기 쉽지 않으며 피해야 하는 것 예 : 돈, 권력, 명성

06

판단의 기준은 무엇일까

프로타고라스의
'인간은 만물의 척도다'

'인간은 만물의 척도다.' 이 격언을 번역어로든 라틴어 원문homo mensura
으로든 한 번도 들어보지 않은 사람은 없을 것이다. 모든 인본주의적 실천
의 등대처럼 여겨지는 이 격언의 기원은 계몽주의 시대나 르네상스 시기
훨씬 이전으로 거슬러 올라간다.

고대 그리스라는 맥락에 비추어 보면 프로타고라스(기원전 490~420)
의 이 언설은 전적으로 긍정적인 의미만 내포하는 것은 아니다. 이
언설은 절대적 사실을 부정하는 것과 무엇이 옳은지 또는 최선인지
는 신들이 알려준다는 믿음을 부정하는 것과 연관되어 있다.

'인간이 척도다'

프로타고라스가 한 이 언설의 전문은 다음과 같다.

'인간은 만물의 척도다. 존재하는 만물의 척도이기도 하고 존재하지
않는 만물의 척도이기도 하다.'

이 문장만 봐서는 프로타고라스의 견해가 포함하는 바가 어디까지인지 명확히 파악할 수 없다. 이때 '인간Man'은 모든 사람을 하나의 단위로 묶어 이야기하는 걸까, 아니면 인류의 본성을 말하는 걸까? 아니면 개개인의 인간을 말하는 걸까?

프로타고라스의 인간 만물 척도론을 분석하려면 플라톤 철학을 중요하게 살펴보아야 한다. 그는 프로타고라스의 주장을 어떤 사물이 개인에게 나타나는 방식 그대로 받아들여야 한다는 말로 이해했다. 초콜릿을 먹는다고 가정해 보자. 내가 초콜릿의 맛을 좋게 느낀다면 초콜릿은 내게 좋은 것이다. 도로시가 초콜릿을 먹는데 맛이 역겹게 느껴진다면, 도로시에게 그 초콜릿은 역겨운 것이다. 거칠게 말해, 이는 척도론이 감각지각perception과 같다는 견해다. 어떤 것이 누군가에게 특정한 방식으로 지각된다면, 그에게 그 사물은 그런 것이다.

이미 우리에게는 맛이란 취향의 문제이고 각자의 취향을 존중하는 것이 좋다고 생각하는 경향이 있기 때문에, 초콜릿 맛을 예로 든 것은 너무 뻔해 보일지도 모른다. 플라톤이 활용한 뻔하지 않은 예시는 바람의 예시다. 내가 마라톤 경기에서 뛴 후 공원에 멈춰서 쉰다고 생각해 보자. 탈진한 와중에 바람이 살랑 불어와 땀을 식혀준다면 나는 '정말 고맙고 시원한 바람이야'라고 생각할 것이다. 이와 정반대로, 당신이 에어컨 냉방이 돌아가는 집에서 방금 나왔다면 당신은 그 바람에 대고 '바람이 왜 이리 더워?'라고 생각할 것이다. 이렇듯 같은 바람이라도 나에게는 시원하지만 당신에게는 더울 수 있다. 당신과 나는 그 바람을 정반대로 느끼고 있다고 상대방을 설득할 수 있을까?

진정한 바람은 뜨거울까, 차가울까?

프로타고라스에 대한 플라톤의 반론

플라톤은 프로타고라스의 관점이 진실을 파괴하는 결과로 이어지기에 위험하다고 생각했다. 대상이 실제로 어떠한지 지각할 수 없으므로 진실에 다가갈 수 없다는 논변이기 때문이다. 음식이나 바람 등에 대한 사람들의 반응은 사소한 문제다. 그러나 아름다움이나 정의 같은 문제라면 어떨까? 아름다움이나 정의를 사람들이 저마다 다르게 받아들인다는 관점을 플라톤은 결코 받아들일 수 없었다. 플라톤은 척도론이 내포한 함의를 거부했지만, 프로타고라스의 본래 의도는 단순한 지각을 넘어서는 더 넓은 차원의 이야기였을 가능성이 높다. 프로타고라스가 "인간은 척도다"라고 말했을 때 그 의미는 감각지각에서 얻어진 판단을 넘어서 모든 종류의 판단에 적용되는 의미였을 것이다.

척도론을 넓게 확장하면 상대주의 개념의 일환으로 이해할 수 있다. 상대주의는 어떤 주제에 대한 어떤 생각이든 다른 생각과 마찬가지로 옳다는 강력한 믿음으로 정리할 수 있다. 즉 상대주의 관점에서 척도론을 논하면 해당 논의가 앎과 지식의 영역으로 흘러간

모든 것이 상대적이라는 명제는 그 명제 자체를 반박한다.

다는 점이 중요하다. 이는 인간이라면 자신이 원하는 대로 생각하거나 믿을 권리를 갖는다거나, 가져야 한다는 법적 주장과는 다른 이야기다.

척도론의 비일관성

두 가지 의견이 똑같이 옳다는 말은 정확히 무엇을 의미할까? 플라

알아두면 쓸모 있는 철학 상식 사전

톤은 이 견해가 일관되지도, 가능하지도 않다고 보았다. 두 사람이 서로 다르고 양립 불가능한 두 가지 주장을 펴는 상황을 상상해 보자. 당신은 "피카소의 작품은 훌륭하다"라고 주장하고 친구는 "피카소의 작품은 형편없다"라고 주장한다. 당신은 영리하게도 "나는 피카소에 대한 네 의견이 틀렸다고 생각해"라고 말한다. 척도론에 따르면 피카소를 싫어하는 친구는 자신의 의견이 틀렸다는 당신의 의견을 인정해 주어야 한다. 따라서 피카소의 작품은 사실 훌륭한 것이다.

상대주의의 핵심은 자기 의견에 대한 반론에 열린 태도를 갖는 것이다. 이 태도는 척도론 자체에 대해서도 직접 적용될 수 있다. 나는 척도론에 동의하지 않기 때문에 '인간이 만물의 척도다'라는 명제가 사실 틀렸다는 점이 나에게는 참된 명제다. 결론은 인간이 만물의 척도가 아니라는 것이다.

척도론 내부에, 또는 척도론에 깔린 전제에는 분명히 참인 부분이 있다. 척도론은 사물이 모든 사람에게 전부 동일한 방식으로 나타나지는 않는다는 주장이다. 어떤 색을 나는 초록색으로 보지만, 당신은 파란색으로 보는 것처럼, 각기 다른 감각지각이 멋지게 느껴질 때도 있다. 같은 현상을 나는 좋게 보지만, 당신은 나쁘게 보는 식으로 근본부터 다르게 지각하는 경우도 있다. 우리는 우리가 어떻게 생각하고 느끼는지에 대해 생각하고 느끼지 않을 수 없다는 것, 그것이 우리 고유의 기능이라는 점은 이미 인정된 사실이다. 여기서 얻을 수 있는 결론은 두 가지다.

첫째, 우리는 우리의 관점을 통해 세계를 해석하는 데서 벗어날 수 없다. 둘째는 철학적 실천에 심각한 위협이 될 수 있는 결론으로, 우리는 우리가 가진 관점에서 비롯된 세계가 특정한 방식으로 존재한다는 생각을 가지고 있기 때문에, 이러한 관점에 근본적인 변화가 생기지 않는 이상 서로를 설득할 수 없다.

우리가 각자의 '안경'을 쓰고 있기에 세계는 영원히 그 '안경'을 통해서 볼 수 있을 뿐 진정한 세계는 알 수 없다는 황량한 결론을 피할 길이 없을까? 한 가지 방법은 우리가 생각하는 것과 실제로 참인 것을 분리하는 것이다. 대화할 때 "내가 보기엔 이런 거 같아"라고 말하는 방식은 나 자신, 그리고 나 자신이 세계와 맺는 관계에 대해 말하는 것이다. 물론 엄밀하게 따진다면 이런 말하기 방식으로는 무엇이 참이고 참이 아닌지 가늠할 수 없다. 그러나 이 방식을 통해 우리는 인간 만물 척도론이 유아론唯我論, 즉 세상에 실제로 존재하는 것은 자신뿐이라는 믿음에 빠지는 것을 방지할 수 있다. "인간이 만물의 척도다"라는 말은 측정되는 대상보다는 측정하는 사람에 대한 이야기다.

07

모래 한 톨도 더미가 될까
소리테스 역설

소리테스sorites는 모래 더미를 뜻하는 고대 그리스어다. 소리테스 역설 또는 모래 더미 역설은 쌓아 올린 더미의 특징에서 비롯된 역설이다. 모래 더미 역설에 깔린 문제의식은 단순 명료하지만, 이 역설의 해결책을 찾으려면 몇 가지 난점을 풀어야 한다.

소리테스 역설은 매우 복잡하며, 여러 가지 난제를 품고 있다. 고대 회의주의 학파는 소리테스 역설이 품은 난제를 '진정한 앎'이란 가능하지 않다는 근거로 활용하기도 했다.

소리테스 역설 살펴보기

누군가 당신에게 다가와서, 더미가 무엇인지 알고 싶은데 헷갈린다고 말하면서 더미가 무엇인지 알려달라고 도움을 요청한다. 당신이 그러겠다고 하자, 그는 모래 한 양동이와 족집게를 꺼낸다. 당신이 보는 앞에서 그는 족집게로 모래 한 톨을 집어 땅에 올려놓고 "이것이 더미입니까?"라고 묻는다. 당신은 웃으며 아니라고 한다. 그러자 그는 첫 번째 모래알 옆에 두 번째 모래알을, 두 번째 모래알 옆에 세 번째 모래알을 놓고, 모래를 하나씩 놓을 때마다 당신에게 같은 질문을 한다. 그가 질문할 때마다 당신은 아니라고 하지만 돌아가는 상황을 파악하고는 슬슬 불안해진다. 그는 당신이 "이것은 더미가 맞습니다"라고 할 때까지 계속 모래알을 올려놓을 것이다. 그렇다면 당신은 어느 시점부터 그것을 더미라고 할까? 모래가 100톨, 101톨, 아니면 1000톨 쌓였을 때? 방금까지는 모래 더미가 아니었던 그 모래들은 어느 시점에서 모래 더미가 될까? 이것이 소리테스 역설의 핵심 문제의식이다.

소리테스 역설은 모래 더미 외에 대머리나 노화 같은 것에도 적용할 수 있다. 어떤 남자가 머리카락을 100,000올 가지고 있다면 그를 대머리라고 부르지는 않을 것이다. 하지만 머리카락이 100올이라면 어떨까? 어떤 시점에서는 결정을 내려야 한다. 소리테스 역설은 이렇게 다양하게 적용될 수 있다는 특징 때문에 아득히 먼 옛날부터 지금까지 많은 예시를 만들어 냈다.

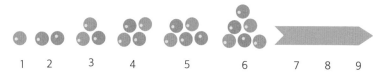

어느 시점에서 이 모래들은 모래 더미가 될까?

대머리가 되려면 머리카락이 얼마나 빠져야 할까?

알아두면 쓸모 있는 철학 상식 사전

모래 더미로 다시 돌아가 더 자세하게 살펴보자. 우리는 모래를 한 톨씩 쌓아 올린 것처럼, 이미 존재하는 모래 더미에서 모래를 한 톨씩 빼낼 수도 있다. 또한 모래를 한 톨씩 빼낼 때마다 "이제 모래 더미가 아닙니까?"라고 질문할 수 있다. 쌓아 올린 모래를 어느 시점에서 모래 더미라고 부를지 결정하는 문제와 마찬가지로, 어느 시점에서 더 이상 모래 더미가 아닌지 결정하는 문제 역시 비슷하게 혼란스럽다.

소리테스 역설을 단계별로 뜯어보기

소리테스 역설이 당혹스럽게 느껴지는 또 한 가지 이유는 모래 더미가 갖는 성격 때문이다. 당연히 모래 한 톨은 모래 더미가 아니라는 점에는 모두 동의한다. 한편 모래를 쌓는 어떤 단계에서든 당신이 "이제 이것은 모래 더미입니다"라고 말한다면 이상한 일이 벌어진다. 500번째 모래를 쌓았을 때 "모래 더미가 맞다"라고 했다고 가정해 보자. 이는 모래 499톨은 모래 더미가 아니라는 이야기다.

방금 당신은 모래 한 톨을 쌓는 행위가 모래 더미를 만들었다고 인정한 것과 같다. 하지만 맨 처음 모래를 쌓기 시작했을 때로 돌아가 보자. 당신은 모래 한 톨은 모래 더미가 아니라는 점에 이미 동의했으므로 500번째 모래가 쌓인 지금 모래 더미가 아닌 것과 모래 더미인 것 사이에 차이가 발생했다는 말은 어딘가 어색하다. 조금 더 이해하기 쉽게 말하자면, 상식적으로 모래 더미란 모래 한 톨이 없어지더라도 상관이 없을 정도로 충분히 많은 모래를 뜻하기에 모래 한 톨이 있고 없고가 큰 차이를 만들지 않는다는 이야기다.

모래 한 톨은 달리 표현하면 모래 더미에 비교했을 때 정확히 헤아릴 수 없고, 그렇게 중요하지도 않은 양이다. 그러니 모래 더미에서 모래 한 톨을 뺀다고 해도 아무 일도 일어나지 않는다. 하지만 앞선 문장을 인정하면, 겨우 모래 한 톨이 모래 더미와 같다는 결론으로 이어지므로 자가당착에 빠질 수 있다. 모래 1000톨을 모래 더미라고 말한다면, 한 톨을 뺀 999톨도 모래 더미다. 999톨에서 한 톨을 뺀 998톨의 모래도 모래 더미다. 우리는 이 과정을 모래가 한 톨만 남을 때까지 계속 반복할 수 있고, 이 한 톨도 모래 더미라고 말할 수 있다. 모래 한 톨을 뺀다고 해서 모래 더미가 더미가 아니게 되지는 않기 때문이다. 모래 한 톨이라는 아주 미세한 양을 잃어도 여전히 더미로서 유지되는 것이 더미의 본질이기 때문에 이 논리는 반박하기 어려워 보인다.

지금까지 살펴본 것처럼 모래 더미 역설은 모호함, 정확성, 정의, 언어, 심지어 수학의 문제까지 제기하는 역설이다. 이 역설에서 중요하게 살펴볼 지점이 하나 더 있다. 모래 한 톨이 곧 모래 더미가 되는 특정 시점은 존재하지 않는다. 오히려 이 역설은 매 단계를 거치면서 점진적으로 일어나는 문제가 된다.

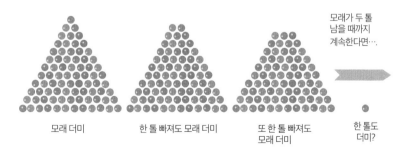

모래 더미에서 모래 한 톨이 빠져도 여전히 모래 더미라면, 모래 한 톨도 모래 더미가 될 수 있다.

소리테스 역설이 제기하는 문제

소리테스 역설에서 사용되는 더미, 대머리, 노화 등의 단어들은 경계가 모호하다는 것이 특징이다. 이는 몇몇 철학자가 소리테스 역설에 깔린 생각을 거부하는 결과로 이어졌다. 이는 **더미** 같은 단어가 있다는 점, 또는 이 단어가 일상 언어에서 의미 있게 쓰일 수 있다는 점을 사실상 부정한다는 점에서 과감한 시도다.

다른 한편에서는 '그냥 참고 쓰는' 방식, 즉 더미란 존재하지 않는다는 사실을 신경 쓰지 않으며 특정한 수량으로 정의 내릴 수 있는 더미라는 단어가 있다고 우직하게 주장하는 방식을 고수했다. 즉 모래 500톨은 더미지만 499톨은 아니라는 것이다. 이는 언어적 관습이라는 측면에서만 합리화할 수 있다. 모래 더미가 모래 500톨이라는 명제는 우리가 언어를 그렇게 사용하기 때문에 참이다.

소리테스 역설을 해결하는 마지막 방법은 언어와 인식을 분리하는 방법이다. 즉 더미는 우리의 인식과는 상관없이 어느 정도 자유롭게 사용할 수 있는 모호한 용어이므로 어떤 의미에서 그것은 모래 더미일 수도, 모래 더미가 아닐 수도 있지만 바로 그 점이 모호하기 때문에 모래 더미라고 부르는 것이다.

모든 것을 의심하라
회의주의 훑어보기

현대 세계의 맥락에서 회의주의는 꽤나 자주 쓰이는 용어로, 모든 것을 의심하는 위치에서 비롯된 반박하는 태도를 함축한다. 이는 고대에 회의주의라는 단어가 쓰이던 맥락과 전적으로 일치하지는 않는다. 철학적 사조로서 회의주의는 원리원칙에 입각한, 정교하고 세련된 철학 운동이었다. 회의주의 사조는 두 학파를 중심으로 발전했다.

아카데미아 회의주의

아카데미아 회의주의는 플라톤의 아카데미아학파에 기원을 둔 이름이지만, 플라톤이 활동하던 시대에 시작된 경향은 아니다. 아카데미아 회의주의는 플라톤이 사망하고 긴 시간이 흐른 뒤 그의 저작을 해석하는 과정에서 시작되었다. 플라톤의 《대화》에 등장하는 소크라테스를 생각해 보자. 소크라테스는 용기나 절제 등 추상적인 개념의 정확한 정의를 계속해서 질문한 것으로 잘 알려져 있지만, 《대화》에 등장하는 대화들은 대부분 명확한 결론을 내지 않고 끝났다. 플라톤의 저작에서 드러나는 이런 특징은 소크라테스의 무지에 대한 명언('네 자신을 알라!')과 결합해 아카데미아에서 회의주의가 싹트게 했다.

플라톤 사후 아카데미아는 철학자 한 명이 플라톤의 자리를 물려받아 리더 역할을 하고, 그 철학자가 사망하면 또 다른 철학자가 그 자리를 물려받는 방식으로 운영되었다. 그런 리더 중 한 사람이었던 아르케실라오스(기원전 316~241 추정)가 아카데미아의 수장으로 있던 기원전 268년부터 266년에 걸친 시기에 회의주의를 창안했다. 아르케실라오스는 글로 된 저작을 남기지 않고 오직 말을 통해 철학 활동을 했다. 이는 대화하는 상대방의 견해를 철학적 탐구의 대상으로 삼는 담론적 교환이나 토론이라는 방법론의 토대가 되었다.

이 탐구는 대화에 참여하는 상대가 무슨 생각을 하는지 알아내는 방법이었을 뿐만 아니라, 상대가 어떤 믿음에 근거해 말하는지 분석하는 방법이기도 했다. 회의주의자는 자신이 옳다고 생각하는 믿음이 아니라 상대방의 믿음에 비추어 상대가 어떤 이야기를 하고 있는지 짚었다. 이런 방식을 통해 회의주의자들은 동시대를 살아가는 사람들이 가진 믿음이 일관되지 않다는 점을 캐낼 수 있었다.

위에 서술한 내용이 반박을 위한 반박처럼 느껴진다면, 거기에는 합당한 이유가 있다. 당시 회의주의자들은 스토아학파와 격렬한 철학적 논쟁을 하고 있었다. 특히 회의주의자들이 앞뒤 재지 않고 공격했던 주제는 **진리의 기준**이 존재한다는 스토아학파의 입장이었다.

진리에 도달하는 기준

진리의 기준은 우리의 정신에서 외부 세계를 보는 특정한 종류의 인상을 말한다. 인상이라는 용어는 원래 거푸집이 뜨거운 밀랍에 형체를 눌러 새기듯 객관적 진실이 우리 정신에 눌러 새긴다는 것을 은유하는 단어였다. 이 은유에 힘입어, 스토아학파는 객관적 진실을 이해하는 과정을 '인식적 인상'이라는 용어로 정리했다. 인식적 인상은 세계의 어떤 측면을 있는 그대로 드러내기에 참이다. 이 진리의 기준이 구체적으로 어떻게 진리라는 결과를 낳는다고 인식되는지는 오늘날까지도 이어지는 철학적 논점이기도 하다. 진리의 기준을 통해 스토아학파가 확립하고자 한 것은 대략 우리가 세계의 어떤 측면을 있는 그대로, 실제로 존재하는 세계와 완전히 같게 지각할 수 있다는 점이다. 즉 진리의 기준은 상태이자 방법론이다. 진리의 기준은 어떤 것이 참이라는 상태이자, 우리가 얻은 인식적 인

플라톤의 아카데미아학파를 그린 로마 시대 그림. 플라톤 사후 아카데미아학파는 회의주의 사조를 발전시키기 시작했다.

알아두면 쓸모 있는 철학 상식 사전

상이 참이라는 사실을 뒷받침하는 방법론이다. 어떻게 설명하든 인식적 인상은 쉽게 말해 그 자신을 참된 것으로 통보한다는 특별한 성격을 갖는다. 우리가 이 진리의 통보를 경험할 때만 우리는 그 인상에 동의할 수 있고, 그 시점에서 진리를 체득할 수 있다.

물론 아카데미아 회의주의자들은 스토아학파의 기준이 맘에 들지 않았다. 회의주의자들은 사실 인식적 인상 중에 거짓이거나 참된 인상과 구분할 수 없는 거짓 인상이 섞여 있을 수 있다는 반박을 주로 제기했다. 진짜 사과와 밀랍으로 만든 가짜 사과가 나란히 놓여 있다는 예시가 가장 유명하다. 테이블 위에 놓인 두 개의 사과를 바라보다가 실수로 밀랍 사과를 들고 베어 물 수도 있지 않은가.

피론 회의주의

피론(기원전 360~270)은 회의주의를 더 급진적으로 발전시킨 인물로, 그의 저작은 많이 유실되었지만 피론주의 전통을 따른 철학자들에

의해 그 견해가 보존되고 재해석되었다. 아카데미아 회의주의부터 피론주의까지 회의주의의 변천사를 따라가 보면 모든 믿음과 현상에 회의가 적용되었다는 점을 알 수 있다.

이렇게 발전한 회의주의의 목표는 마음의 평정을 찾는 것이다. 평정을 찾

밀랍으로 만든 가짜 사과와 그냥 사과

달걀 하나와 또 다른 달걀 하나

이 둘의 차이를 구별할 수 있을까?

이 피론 **흉상**은 내면의 평정에서 뿜어져 나오는 외부의 침착함을 반영한 것인지도 모른다.

는 데에는 몇 가지 방법이 있다. 첫째, 믿음을 갖는 것은 평정을 방해하거나 끝내 없애버리는 근원이라는 점을 이해해야 한다. 이를 가장 잘 뒷받침하는 근거는 다양한 철학 학파가 이런저런 가르침에 따라 다양한 믿음을 가졌지만, 이들의 입장은 대체로 다른 철학자들에 의해 반박되었다는 점이다. 한편 이런 믿음 체계를 유지하려고 논쟁하는 일은 마음의 평정을 해치는 결과를 낳았다. 철학적 시시비비를 따지는 논쟁에 휘말린 삶은 마음의 평정을 깨는 결과로 이어진다는 명백한 예시에 이어, 아무리 해롭지 않아 보이는 믿음이라도 결국은 비슷하게 평정을 방해할 것이라는 우려도 있었다.

마음의 평정에 반대되는 믿음

그렇다면 믿음은 어떻게 마음을 혼잡하게 만드는 걸까? 몇 가지 설명이 있다. 우리는 종종 믿음에 따라 행동하지만, 그 믿음이 잘못되었다면 믿음에 따른 행동 역시 달라진다. 예를 들어, 비가 올 것이라고 생각하면 우리는 우산을 챙기고 비옷을 입고 나간다. 비가 내리지 않더라도 우리는 옷을 다르게 입는 등 여전히 비가 올 거라는 믿음의 영향을 받아 행동할 것이다. 회의주의자들에 따르면 우리는 진리가 무엇인지 결정할 방법이 없다. 이때 평정을 삶의 목표로 두면 믿음은 진리를 찾는 우리의 행위를 방해하는 것 외에는 아무것도 하지 못한다.

믿음은 마음의 평정을 찾을 수 없게 하기 때문에, 우리는 믿음을 버려야 한다. 하지만 어떻게 해야 할까. 피론주의자들은 주로 사람들이 이미 지닌 믿음을 깨뜨리는 방식을 취했다. 이들은 눈으로 보는 것을 통해 진리를 얻을 수 있다고 믿는 사람에게, 눈으로 보이는 것을 믿을 수 없는 상황을 설파했다. 이렇게 강하게 반박함으로써 사람들에게 둘 중 한쪽이 옳다고 증명한 것이 아니라, 두 믿음 모두 일리가 있기에 둘 다 진리가 아니라는 점을 설득했다. 그들은 이 방식을 통해 믿음을 폐기하고 그들의 본래 목적인 평정을 달성했다.

피론주의의 목표	
무엇이 평정을 방해하는가?	믿음
믿음이 아무것도 아님을 증명하려면?	그 믿음을 반박하는 견해를 생각해 낸다.

09

우리는 진정한 세계를 볼 수 없다

플라톤의 동굴 우화

동굴은 원시시대 생활상부터 신비주의까지 다양한 것을 연상케 하는 장소다. 동굴을 생각하면 어둠, 두려움, 비밀, 동물의 서식지, 도적 무리, 탐험 등이 떠오른다. 동굴은 또한 철학의 역사에서 가장 유명하다고 할 수 있는 이미지의 배경이 되기도 했다. 이는 플라톤의 《국가》 제7권에 등장하는 동굴 우화로 알려져 있다.

동굴 우화는 그리 복잡하지 않은 개념으로, 생생하고 강렬한 이미지가 포함되어 있다. 이 우화는 여러 층위에서 해석될 수 있다.

동굴 우화 간단히 살펴보기

가장 먼저, 이 우화를 《국가》에 등장하는 소크라테스가 설명한 그대로 묘사해 보자. 큰 동굴 안에 족쇄에 묶인 죄수들이 있다. 이들은 어릴 때부터 이 동굴에 갇혀 있었기 때문에 외부 세계에 대해서는 전혀 모른다. 사실 이들은 팔다리가 묶인 상태로 동굴에서 평생을 보냈으므로, 동굴 밖에도 세상이 존재한다는 사실 자체를 알지 못한다.

어두운 동굴 안에는 빛을 내는 불이 피워져 있다. 하지만 이 불이 발하는 빛은 뭔가 다르다. 죄수들은 빛을 등지고 있어서 불을 직접 바라볼 수 없으며, 마주 보고 있는 벽에 비친 그림자를 볼 수 있을 뿐이다. 죄수들과 그들이 등진 불 사이에는 죄수들이 모르는 낮은 담이 있다. 꼭두각시 인형 공연에 가면 꼭두각시를 조작하는 손을 보이지 않게 하는 담이 있는 것처럼, 이 낮은 담도 그 뒤에 있는 사람들을 숨기려고 만들어졌다. 이 담 뒤에 숨은 사람들은 다양한 소재로 만들어진 다양한 물체를 담 위로 들고 있다. 불과 담 사이에 놓인 이 물체들은 벽에 그림자를 남긴다. 이 이상한 물체들을 들고 있는 사람들이 걸어 다니거나 서로 대화하는 동안 죄수들은 벽에 비친 이상한 그림

동굴 우화. 죄수는 동굴 벽에 비친 이상한 그림자를 보고 그것을 현실이라고 인식한다.

자들을 보고 있다. 이 그림자들은 물체를 든 사람들의 목소리와 섞여서 전해지는데, 이때 목소리들은 동굴 벽에 부딪혀 메아리치다 죄수들의 귀에도 들어간다.

소크라테스는 이런 특정한 상황을 가정한 뒤, 동굴의 죄수들이라면 이 그림자와 메아리를 어떻게 생각할지 질문한다. 동굴의 죄수들은 그림자와 메아리가 스스로 나타나고 움직인다고 생각할까? 슬프지만 그럴 확률이 높다. 이 죄수들은 동굴 밖 세상을 겪어본 적이 없기 때문이다.

위 내용은 죄수들이 처한 곤경을 보여준다. 소크라테스는 이들이 처한 상황을 묘사하는 데서 더 나아간다. 독자라면 이 죄수들을 자유롭게 풀어주고 싶을 것이다. 이들을 어떻게 풀어줄 수 있을까? 이 죄수들을 자유롭게 하는 일은 쉽고 빠르게 이루어지지 않을 것이다. 단계별로 접근해야 한다. 먼저 족쇄를 푼 죄수들은 평생 같은 자세로 앉아 있었기 때문에 몸이 아주 약할 것이다. 이들이 부축을 받아 불이 있는 쪽으로 몸을 돌리면, 평생 어두운 벽에 어른대는 그림자만 본 이들의 눈은 너무 밝은 빛에 멀어버릴 것이다.

동굴 우화에 대한 다양한 설명

이 부분에서 소크라테스는 이야기를 쪼개 설명하기 시작한다. 죄수가 자유를 얻더라도 그가 할 수 있는 일은 서서 밝은 빛을 바라보는 것밖에 없고, 이미 어두침침한 곳에서 그림자만 보는 일에 익숙해졌기 때문에 그는 예전의 삶을 더 편안하게 느낄 수도 있다. 만일 당신이 그에게 물체들을 직접 보여주면서 그림자가 아닌 물체 자체를 볼 수 있도록 도와준다 해도, 그는 족쇄에 묶인 예전의 삶을 선호할

자유를 찾은 죄수가 다른 사람을 구하고 싶어도
그는 오히려 죽임을 당할 것이다.

수도 있다.

만약 족쇄에서 풀린 죄수가 불과 실제 물체들을 본 다음에도 자유를 거부한다면, 누군가 그를 동굴 밖으로 끌어내 밝은 태양을 보여준다고 한들 비명을 지르고 발버둥치며 거부할 확률이 높다. 이런 변화는 엄청난 고통과 분노를 불러올 것이다. 태양에 익숙해지려면 죄수는 먼저 그림자에 익숙해진 다음 물이나 거울에 비친 사람이나 물건의 잔상을 보아야 한다. 이 시기를 지난 후에야 죄수는 마침내 진실을 받아들이고 그 가치를 알아볼 것이다. 이제 진정으로 자유를 얻은 죄수는 동굴 안으로 다시 들어가 나머지 죄수들도 해방해 주려 할것이다. 그러나 그가 동굴로 들어가는 순간, 그의 눈은 어둠에 적응하지 못할 것이다. 그가 해방하고자 한 다른 죄수들은 그가 어둠에 적응하지 못하는 것을 보고 밖에 나가봤자 눈만 아플 거라며 함께 나가자고 설득하는 그의 노고를 무시할 것이다. 결국 이 죄수들은 자신들의 구원자를 거부하고, 더 나아가 그를 죽일 것이다.

동굴 우화의 교훈

동굴 우화는 《국가》의 앞선 편에서 등장하는 형이상학적 주제를 강력하게 설명하는 은유다. 여기에는 틀림없이 정치적인 성격이 있다. 특히 저자인 플라톤의 입장에서, 아테네 사람들이 진리의 본질을 일깨우려 한 소크라테스를 죽였다는 점을 드러내는 결말 부분이 그렇다. 다만 이 우화의 목적은 현상의 본질을 설명하는 것이다.

플라톤에 따르면, 세계는 물리적으로 나타나고 지각할 수 있는 '감각 세계'와 지성을 통해 깨닫는 '진정한 세계'라는 두 차원이 있고, 우리는 이러한 현실의 진정한 본질에 대해 무지하다. 동굴 우화에서 태양이 비추는 외부 세계는 지성을 통해 깨닫는 세계이고, 동굴 내부는 감각 세계다. 볼 수 있고 감각할 수 있는 세계는 한 세계가 둘로 나뉜 것이다. 볼 수 없는 세계는 플라톤의 이데아를 품은 이성의 세계와 숫자와 양태로 이루어진 지성으로 나뉜다. 감각 세계는 물리적 실체와 이미지를 포함한다. 동굴 우화에서 물리적 실체는 불 앞에 놓인 물체들로, 이미지는 그림자로 비유된다.

플라톤의 동굴 우화는 존재에 위계가 있다는 세계관을 보여주며, 우리는 반드시 이성의 가장 높은 단계에 이르러야 할 뿐만 아니라 그 여정은 어렵고 외로울 것이라고 말한다. 동굴을 탈출하려면 홀로 서야 한다.

10

변하지 않는 영원한 이상

플라톤의 이데아

플라톤의 이데아론만큼 널리 언급되고 그만큼 오해받은 철학 사상은 별로 없을 것이다. 누군가 훌륭한 식사를 한 뒤 "이 식사는 식사의 플라톤적 이데아였어"라고 말할 수 있다. 이와 비슷하게 쓰이는 플라톤의 이데아라는 개념은 플라톤이 생각한 것과 약간은 비슷하지만 대부분 요점을 놓치고 있다.

플라톤의 이데아론은 몇 가지 두드러진 특징을 가진 복잡한 개념으로, 마법적이지는 않지만 무언가 신비로운 지점도 있다.

이데아의 기원

플라톤이 이데아론을 발전시킨 이유와 방법에는 여전히 논쟁이 있지만, 그 핵심 동기는 '진리와 앎의 가능성을 보존'하는 것이었다. 플라톤은 우리를 둘러싼 세계가 매 순간 변화하는 덧없는 것이라고 생각했다. 그래서 세계가 본질적으로 변덕스럽다는 말이 절대로 변하지 않을 튼튼한 기반을 찾아야 했다. 플라톤의 해결책은 물질과 감각 너머에 진정한 세계가 있어서, 우리 앞에 놓인 세계(현상계)는 그것의 잔상과 모방에 불과하다는 논리였다. 이 두 가지 세계를 구별하자

감각 너머의 세계는 우월한 것이 되었고, 앎의 가능성도 보존되었다. 플라톤에게 변화한다는 말은 알 수 없다는 뜻이었다. 이 이상한 믿음을 간단명료하게 정리하면, 무언가 변화한 후에는 같다고 인식하거나 이야기하기가 어렵다는 것이다.

물리적 세계와 상관 없는 이데아

이데아를 이해하려면 이데아가 아닌 것, 즉 우리가 살아가는 일상 세계와 비교하는 것이 가장 쉬운 길이다. 세계에는 많은 물체가 존재한다. 한 예로, 아름다운 나무들이 있다고 가정해 보자. 이 나무들 각각을 개별자라고 부른다. 나무 각각이 개별적으로 존재하기 때문이다. 세계는 꽃, 사람들, 집 같은 개별자로 가득하다. 동시에 우리는 이 각각의 사물을 이데아와 대비되는 '특수한' 대상이라고 말할 수 있다. 왜냐하면 이데아는 단 하나이기 때문이다. 이데아는 고유하며, 이데아가 존재하기에 개별자도 존재할 수 있다. 뒤에서 조금 더 자세히 살펴보겠지만 간단히 설명하자면, 세상에 다양하게 존재하는 아름다운 나무들을 논하는 상황에서도 아름다움의 이데아와 나무의 이데아는 하나뿐이라는 이야기다.

이데아에 대한 이런 설명을 듣고 나면 꼭 어딘가에 이상적인 나무 한 그루가 진정한 나무로 받들어지고 있는 것처럼 어색하게 느껴질 수 있다. 하지만 플라톤은 이데아란 결코 물리적인 세계에 존재하는 것이 아니라고 생각했다. 이는 이데아가 물질과 상관없이 존재하는 감각을 통해 느낄 수 없는 동시에 영원하고 신성한 것이라는 생각을 뒷받침한다. 이데아는 그 자체로 변치 않는 것으로서 쉽게 변하고 물리적으로 존재하며 감각을 통해 인식할 수 있는, 어느 순간 존재하다 사라지는 개별자들과 대비를 이룬다.

이데아에 참여하는 개별자

이데아와 개별자가 이렇게 근본적으로 반대되는 것이라면, 둘 사이에 공통점은 없을까? 위에서 언급한 예시처럼, 아름다움의 이데아와 아름다운 개별자는 어떻게 존재할 수 있을까? 플라톤은 개별자가 이데아에 **참여**한다고 믿었다. 하지만 이 관계에 대해 자세한 설명은 하지 않았다고 알려져 있다. 어쨌든 참여 개념은 이데아가 개별자보다 우월하다는 점과 개별자는 이데아에 의존한다는 점을 보여준다.

현상계의 모든 개별자는 존재와 본질 면에서 이데아에 의존하고 있다. 아름다운 나무라는 개별자는 나무의 이데아와 아름다움의 이데아 둘 다에 참여한다. 이데아는 개별자의 모형 역할을 한다고 이야기되곤 한다. 하지만 참여라는 개념은 모방을 넘어서는, 더 엄밀하게 해석해야 할 개념이다. 개별자는 이데아에서 비롯한 성질을 띠지만 유한하므로 이데아가 되지

플라톤은 어떤 영구적 실재는 개별자가 어떻게 존재하는지, 그것을 우리가 어떻게 알게 되는지 설명하기 위해 존재하는 것이 틀림없다고 생각했다.

못하고 개별자로 남는다.

모형 또는 패러다임으로서 이데아

형상이 개별자의 원형이거나 모형이라면 그 이유는 무엇일까? 먼저 플라톤은 각각의 개별자가 공유하는 일관성을 설명하려면 이데아 개념이 필요하다고 생각했다. 예를 들어 어떤 여성, 자동차, 그림이 모두 '아름답다'고 한다면, 그 셋이 각각 다른데 아름답다는 말은 어떻게 성립하는가? 이와 유사하게, 아름다운 여성이 나이가 든다면 아름다운 그녀가 미래에 더 이상 아름답지 않으리라는 결말이 어떻게 가능한가?

플라톤은 아름다운 개별자들을 아름다움의 이데아에 **참여**시키는 방식으로 이 난제를 돌파했다. 진정 아름다운 것은 아름다움의 이데아뿐이고, 아름다운 개별자는 아름다움의 이데아에 참여하거나 그것을 공유하기에 아름답다는 것이다.

위 묘사는 '소크라테스는 정의롭다', '그 침대는 크다', '결혼은 좋다'처럼 '~는 X다'라는 문장에서 주어가 X인 이유는 X의 이데아에 참여하기 때문이라고 말하는 것으로 폭넓게 쓰일 수 있다. 정의로운 소크라테스는 정의의 이데아에 참여한다. 그가 정의롭지 않게 된다면 그 이유는 그가 정의의 이데아에 더 이상 참여하지 않기 때문이다. 플라톤에게는 이데아가 X의 원천이며 이는 개별자가 이데아로부터 X라는 성질을 받아와야 할 뿐 아니라 이데아가 X와 완벽한, 결코 변하지 않는 관계를 맺고 있음을 의미한다. 더 정확하게 설명하자면 이데아는 그들이 X인 것처럼 X라는 성질을 소유하지는 않는다. 아름다움의 이데아가 아름다운 이유는 아름다움을 가져서가 아니라 아름다움의 이데아가 아름다움이기 때문이다.

플라톤의 '두 세계'	
현상계	**배후 세계**
입자로 이루어짐	이데아가 존재하는 곳
변화함	불변함
유한함	영원함
신성하지 않음	신성함
물질	비물질
감각지각 가능	감각지각 불가능

이데아론의 의의

플라톤은 한 걸음 더 나아가서 이데아가 도덕과 언어 표현의 든든한 토대가 된다고 말한다. 왜냐하면 이데아는 변하지 않고, 우리의 행위나 언어를 변치 않는 것에 비춰보고 참고할 수 있게 하기 때문이다. 이데아의 불변성은 결국 단순한 것이다. 이데아는 물리적 세계에 존재하는 모든 것의 근거가 된다. 하지만 몇몇 대화에서 플라톤은 진흙이나 머리카락 등에는 이데아가 있다고 말하기를 주저했다. 즉, 이데아에도 제한은 있었던 셈이다.

개별자로서 나무

나무의 이데아

개별자로서 나무

나무의 이데아

나무들은 나무의 이데아에
참여한다.

우리는 나무의 이데아를 통해
나무의 개념을 이해할 수 있다.

나무의 개념

형상

11

고대 철학이 상상한 원자론
에피쿠로스의
빗나가는 원자

우리 자신을 포함해, 물질이 원자로 이루어졌다는 발상은 근대적 상상력의 산물이다. 역사적으로 따져보면 원자론은 과학적 발상도 아니었다. 철학사에서 최초로 원자론을 제기한 사람은 그리스의 철학자 데모크리토스(기원전 460~370)이며, 이는 에피쿠로스에게 계승되었고 훗날 에피쿠로스의 영향을 받은 로마 철학자 루크레티우스(기원전 99~55)가 더욱 발전시켰다.

여느 철학적 개념이 그렇듯, 원자론 역시 그와 연관된 다양한 철학적 문제를 발전시켰다. 원자와 자유의지에 대한 논의도 그런 문제 중 하나였다. 데모크리토스가 주장한 대로 만물이 그저 원자로 이루어져 있다면, 우리의 행위 이면의 생각과 행위 역시 원자의 활동에 불과하다. 이것이 사실이라면, 우리 자신이 어떤 생각을 하고 행동하는지가 아니라, 원자란 무엇이며 원자들이 어떻게 움직이는지가 우리의 생각과 행동을 결정하게 된다. 이 중요한 문제를 해결하려고 에피쿠로스는 원자론에 자신의 생각을 더했다. 그것은 '빗나가는 원자' 또는 '편위'라 부르는, 고대 철학에서 가장 잘 알려진 악명 높은 개념이다.

에피쿠로스의 세계관

편위를 살펴보기 전에 우리는 편위가 작용하는 맥락, 즉 물리적 세계라는 배경을 살펴봐야 한다. 에피쿠로스의 관점에서 세계는 원자와 공허로 이루어져 있다. 이렇게 두 측면으로 구성된 우주는 그 자체로 무한하다. 원자는 당연히 공허 안에 위치하고 있으며, 아무것도 없는 상태를 의미하는 공허는 원자의 생성 등에 아무런 연관을 갖지 않는다. 이 세계관에 따르면 원자는 공허에 떨어지기를 영원히 반복한다. 아무것도 없고 어떤 특징도 없는 공허는 원자가 떨어질 때 아무 저항도 할 수 없다. 떨어질 때 전혀 저항을 받지 않는 원자는 엄청나게 빠른 속도로 모여 공허를 통과한다. 원자의 속도에 관여하는 것은 원자의 무게로, 서로 충돌하거나 한데 뭉쳐 더 커지는 경우를 제외하면 무게 때문에 원자는 언제나 아래 방향으로 떨어진다.

원자의 본성

원자에 대한 근대의 관념처럼, 에피쿠로스의 원자 역시 아주 미세해 그 본성을 육안으로 관찰할 수 없다. 원자의 종류는 무한하지 않지만 원자라는 총체는 무한히 많은 숫자로 존재한다. 우리 자신도 겉으로는 고정된 것처럼 보이지만, 사실은 공허에 떨어지는 원자의 일부다. 때때로 원자들은 뭉쳐서 사람이나 동물, 나무로 인식되는 형상을 이루기도 한다. 이 원자들의 다양한 모양은 사물의 다양한 특성이나 속성을 반영한다. 예를 들면 영혼의 원자가 가장 가늘고 둥근 구체라는 특성을 띠고, 황금의 원자는 단단하고 빛난다. 따라서 우리의 사고 역시 빠르게 뻗어나갈 수 있다.

　　우리의 육체가 공허에 떨어지는 원자가 누적된 것이라는 주장이

'원자'라는 과학적 개념은 데모크리토스의 철학적 개념인 '쪼갤 수 없는 것', 즉 더 작은 것으로 환원할 수 없는 무언가가 있다는 생각에서 비롯되었다.

이해하기 어렵다면, 루크레티우스의 양 떼 비유를 들어보자. 루크레티우스는 머나먼 산길을 오르는 양 떼의 우화를 통해 원자론을 설명했다. 멀리서 보면 양 떼는 산자락에 뭉친 흰 덩어리처럼 보이지만, 가까이 다가가서 보면 둥글고 흰 덩어리가 움직이고 있으며 양이 무리 지어져 있다는 걸 볼 수 있다. 이것이 원자다. 에피쿠로스의 원자론을 이어받은 루크레티우스는 이런 비유를 통해 겉보기에 단단하고 고정된 물체를 이루는 원자라도 사실은 공허에 떨어지는 중이라고 설명했다.

빗나가는 원자, 편위라는 생각
이제 편위를 살펴보자. 모든 원자가 그 무게로 인해 서로 평행한 곧은

선을 그리며 떨어진다면, 그 원자들은 어떻게 조합되어 동식물처럼 우리가 아는 물체를 이루는 걸까? 루크레티우스는 이 질문에 답하려고 '편위'라는 개념을 생각해 냈다. 편위는 원자들이 떨어질 때 발생하는 완전히 무작위적이고 예측할 수 없는 움직임이다. 이는 자연적 대상의 생성을 설명하기 위한 개념이다.

루크레티우스에 따르면 원자들은 편위에 의해 마구잡이로 부딪히면서 정렬하고 조합된다. 모든 원자는 평행하게 떨어지지만 예상치 못한 어느 순간 한 원자가 경로를 벗어나 다른 원자를 치고, 그 다른 원자는 또 다른 원자를 치는 연쇄 반응에 의해 나무나 새가 만들어지는 결과를 낳는다. 루크레티우스는 자신의 무게 때문에 직선으로 운동하는 원자가 지면에 수직으로 떨어지기는 어렵다고 생각했기 때문에, 이렇게 경로를 이탈한 원자는 본래의 직선 경로에서 눈으로 보기 어려울 만큼 미세하게 빗나가 떨어진다고 생각했다. 편위가 없다면 모든 원자는 계속해서 이전과 똑같이 평행하게 떨어지기를 반복하기 때문에, 생성을 담당하는 인격적 자연은 아무것도 생성할 수 없다.

한편 원자들이 모여 우리 세계에 물체를 생성하게 하는 힘은 편위 외에도 또 있다. 또한 편위는 공허에 떨어지는 원자라는 개념이 자유의지를 불가능하게 한다는 견해에 반박하는 의미를 갖기도 한다. 원자가 끝없이 같은 방향으로 떨어지고 존재하는 모든 것이 원자로 이루어져 있다면, 세상 만물의 움직임은 전적으로 원자가 결정하게 된다. 하지만 원자들이 원인도 알 수 없게 빗나가기도 한다면, 자유의지도 말이 된다. 루크레티우스는 이 편위가 자유의지를 뒷받침하며 우리의 선택을 설명할 수 있다고 생각했다.

알아두면 쓸모 있는 철학 상식 사전

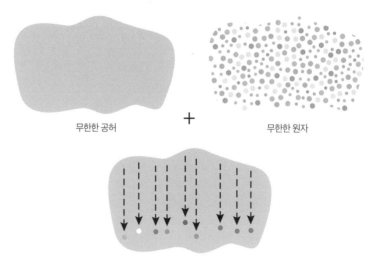

무한한 공허 + 무한한 원자

원자들은 아래로 떨어지는 하강 운동을 반복하며 공허를 통과한다.

세계

자유의지의 원인으로서 편위

루크레티우스의 입장에서 편위가 자유의지를 가능케 한다고 본 견해는 꽤 흥미롭다. 편위는 오로지 원자로만 이루어진 육체의 물질적 구성에 대비되는 역할을 한다. 루크레티우스는 원자가 서로 영향을 끼치는 방식은 정신이 원자에게 영향을 미치는 방식과 구별하기 쉽다고 보았기에, 인간 정신이 원자의 영향을 받지 않는다고 생각했다. 그는 경주의 시작을 알리는 문 앞에 선 말이 문이 열리는 순간 어떻게 행동할지 생각해 보자고 했다. 말의 정신은 정확한 순간에 움직이라고 육체에게 명령을 내리겠지만, 육체가 실제로 움직이기까지는 조금이라도 시간이 소요된다. 대조적으로 몸에 영향을 끼칠 때, 즉 원자가 원자에게 영향을 미칠 때 이 반응은 망치가 못을 두드려 박듯

즉각적으로 발생한다. 즉 우리의 정신은 원자와 공허와는 상관없이 작용하며, 우주에는 자유의지와 편위라는 다른 요소도 존재한다는 점을 알려준다.

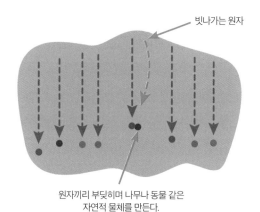

빗나가는 원자

원자끼리 부딪히며 나무나 동물 같은
자연적 물체를 만든다.

편위. 하강 운동을 하는 원자가 갑자기 직선 경로를 살짝 벗어나는 경우

알아두면 쓸모 있는 철학 상식 사전

12

삶의 끝은 모든 것의 끝이다
에피쿠로스의 죽음을 향한 두려움에 대한 관점

오늘날 에피쿠로스는 주로 쾌락을 중시하는 사람을 가리키는 '에피큐리언Epicurean'이라는 단어와 연관된다. 에피쿠로스는 실제로 쾌락을 중시한 철학자였지만 그가 본 쾌락에는 고통이나 두려움을 피하는 것도 포함된다. 에피쿠로스가 보기에 모든 인간의 가장 큰 두려움은 죽음을 향한 두려움이며, 이 두려움에는 두 가지 측면이 존재한다.

하나는 내세에 대한 심판과 연관된, 죽음을 향한 전통적인 두려움이다. 다른 하나는 모든 것이 끝나는 순간이자, 우리 자신이 죽었다는 사실을 자각하는 상태와 연관된 죽음 자체에 대한 두려움이다. 에피쿠로스는 사실 우리가 죽음을 두려워할 생각이 전혀 없다는 설득력있는 논거를 제시한다. 그의 논리는 죽음을 향한 두려움은 전적으로 감정적인 두려움이 아니며 사실은 우리가 죽을 때 무엇이 우리를 해칠 것인가에 대한 두려움이라는 전제를 깔고 있다. 에피쿠로스는 사람이 죽으면 죽지 않는 영혼으로 부활해 영원히 내세를 살아간다는 당대의 믿음에 반기를 들고, 삶의 끝은 모든 것의 끝이라고 말한다. 일단 죽음을 맞이하면 그 이후에는 아무것도 없다.

육신의 죽음은 우리의 끝이다

에피쿠로스가 죽음을 이렇게 생각했던 것은 그의 유물론적 태도, 즉 물질이나 물리적인 요소가 존재하거나 존재할 수 있는 전부라는 믿음에 근거를 두고 있다. 유물론적 세계관에 따르면, 육신은 물질로만 이루어졌기에 육신이 죽은 뒤에 몸을 벗어나 계속 존재할 수 있는 영혼이나 **자아** 등은 존재하지 않는다. 따라서 죽음의 순간 모든 생각과 감각적 인식은 전부 멈춘다. 이런 관념에 따른 결론은 죽음의 순간 우리는 그것을 경험할 수 없으므로 죽음을 두려워할 이유가 없다는 것이다.

에피쿠로스는 이렇게 설명한다. 우리가 존재하면 죽음은 일어나지 않고, 죽음이 일어나면 우리는 이미 없다. 이 경구는 죽음의 최종적인 성격과 완전성을 잘 보여줄 뿐만 아니라, 우리는 죽음을 경험할 수 없다는 견해에서는 죽음이란 그저 무언가를 알아차리거나 감각하거나 생각하는 능력의 상실일 뿐이라는 점을 강조한다. 이런 관점에서는 죽음이 독립적으로 존재하는 대상이 아니기에 죽음은 우리에게 다가오지 않는다. 오히려 죽음은 존재의 멈춤이라는 상태를 가리키는 표지에 가깝다.

죽음은 우리가 육체를 통해 인식하는 상태가 멈춘 것이라는 에피쿠로스의 견해는 쾌락과 고통에 대한 그의 논리와도 잘 맞아떨어진다. 에피쿠로스는 인간 행동의 목적이 쾌락을 추구하고 고통을 피하는 것이라고 말했다. 이는 오직 육체적 차원에만 한정되는 이야기는 아니지만, 인간이 추구하는 쾌락의 상당한 부분이 육체를 통해 경험되는 것이긴 하다. 죽는다는 것은 쾌락이나 고통을 느낄 수 없는 상태가 되는 것이지만, 또한 우리가 육체의 죽음을 넘어 계속 살아갈 수 있다면(물론 불가능한 가정이지만), 그런 삶에는 쾌락이 없는 상태일 것이므로 살 만하지 않다는 것을 의미하기도 한다.

죽음을 둘러싼 나쁜 요소들

루크레티우스는 죽음을 나쁘게 인식하는 것에 반대하며 죽음이 사실은 완전히 좋은 것이라고 주장하는 다양한 논거를 펼쳤다. 그는 죽음이 상실과 연관되기에 슬픈 것이라는 인식에 정면으로 맞서기도 했다. 그의 논리는 미래에 찾아올 죽음 자체에 대한 것이기도 했지만, 죽음을 애도하는 남은 사람들에 대한 이야기이기도 했다. 루크레티우스에 따르면 자

로마 철학자 루크레티우스는 에피쿠로스와 에피쿠로스학파의 계승자였다.

신의 죽음을 예상하는 사람은 죽으면 모든 고통과 두려움에서 해방된다는 사실을 인지해야 하고, 그의 죽음을 애도할 친구들과 가족은 그가 더 이상 고통받지 않는다는 점을 기쁘게 받아들여야 한다.

연회의 비유로 살펴보는 죽음

루크레티우스는 또한 삶과 죽음을 우리가 인생을 감사히 여기고 온전히 누리는 방식을 보여주는 연회에 비유하기도 했다. 멋진 연회에서 만찬을 즐길 때, 우리는 이 연회가 곧 끝날 것이며 이 순간을 다시 누릴 수는 없으니 덧없다고는 생각하지 않는다. 우리는 그저 인생을

온전히 누리듯 연회를 부지런히 즐긴다. 연회를 즐기기에 적절한 시간은 연회가 벌어지는 바로 그 시간이고, 그 뒤에는 집으로 돌아가 잠들 시간이 찾아온다. 집으로 돌아가 침대에 누운 우리는 연회가 끝난 것을 슬퍼하며 자세를 고쳐 앉거나 잠들기를 거부하지 않는다. 잠들면 연회의 기억이 희미해질 수 있지만, 연회가 끝났다는 사실을 당연하게 받아들이고 잠을 청한다. 이처럼 우리는 삶이라는 연회가 끝난 것을 당연하게, 또 기쁘게 받아들이고 죽음이 주는 영원한 잠에 빠져들면 된다.

삶은 연회에서 만찬을 즐기는 것이다.

죽음은 연회가 끝나고
잠자리에 드는 것이다.

루크레티우스의 연회 비유

알아두면 쓸모 있는 철학 상식 사전

대칭 논변 : 죽음은 존재 이전과 같다

연회의 비유가 말해주듯, 루크레티우스는 유비analogy를 통해 말하기를 좋아했다. 그가 든 또 다른 비유에는 죽음의 상태가 거울에 비친 상과 같다는 거울 비유가 있다. 인격화된 자연은 거울을 들고 있는 사람이고, 거울에 비치는 상태는 우리가 태어나기 전의 상태다. 태어나기 전 우리는 아무 문제나 어려움이 없었고, 세상에 존재하지 않았기에 세상일에는 아무런 신경도 쓰지 않았다. 우리가 존재하지 않는다는 사실이 태어나지 않은 우리를 좌절시키지도 않았다. 죽음은 탄생 이전과 똑같은 역할이기 때문에, 우리는 탄생 이전의 시간을 걱정하지 않듯 죽음을 두려워할 이유가 없다.

이 비유에는 존재 이전과 죽음이 대칭적으로 존재한다. 둘 중 어느 것도 나쁘지 않으므로 우리는 탄생 이전처럼 죽음에 대해 걱정하거나 두려워하지 않아도 된다.

죽음에 대한 루크레티우스의 논변은 어딘가 역설적으로, 불멸하는 영혼을 믿으며 두려움을 떨치고 싶은 사람에게 위로를 준다. 즉 비록 영혼이 불멸하지 않고 죽음이 정말 우리의 끝이라 하더라도, 죽음이 당도한 순간 우리는 없을 것이므로 우리에게 어떤 해도 끼치지 않는다는 이야기다.

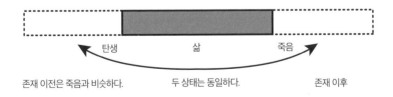

탄생	삶	죽음
존재 이전은 죽음과 비슷하다.	두 상태는 동일하다.	존재 이후

존재 이전은 죽음과 유사하다는 대칭 논변

13

네 가지 원인으로 설명한다

아리스토텔레스의 4원인론

아리스토텔레스는 어떤 분야의 지식이든 현상의 원인을 아는 것이 진정한 앎이라고 말했다. 흔히 '현상의 원인'은 어떤 결과에 앞서 발생한 일로, '원인'은 그 결과를 초래했다고 보이는 것으로 이해되곤 한다.

우리는 제2차 세계대전의 원인이 폴란드 침공이며 결혼의 원인은 사랑이라고 말한다. 첫째 종류의 것들이 둘째 종류의 원인이 되었다는 말은 첫째가 둘째를 발생시켰다는 의미다. 아리스토텔레스는 원인에 대한 이런 직관적인 설명을 부분적으로 받아들이지만, 원인 자체를 네 가지 차원으로 쪼개어 분석한다.

모든 원인의 근원으로서 자연 또는 본성

아리스토텔레스의 원인에 대한 관점을 보다 정확히 이해하려면 먼저 자연이 하는 역할을 이해해야 한다. 아리스토텔레스의 4원인론은 만물의 창조주인 자연과 개인의 본성으로서의 자연이라는 두 가지 차원의 자연에서 출발한다. 아리스토텔레스는 네 가지 원인이 잘 작

알아두면 쓸모 있는 철학 상식 사전

동하는지 비추어 볼 수 있는 모형으로서 자연을 바라보았다. 아리스
토텔레스에게 자연의 네 가지 원인은 인간 노력의 네 가지 원인보다
우월한 것이었다. 왜냐하면 후자는 자연의 모방에 지나지 않았기 때
문이다.

아리스토텔레스는 네 가지 원인을 나열한다. 드러내놓고 이야기
한 적은 없지만 그가 묘사하는 내용을 살펴보면, 그는 모든 종류의 설
명에는 네 가지 원인이 현존한다고 생각한 것 같다.

질료인

네 가지 원인 중 가장 이해하기 쉬운 원인은 **질료인**material cause이다.
질료인은 물체를 물리적으로 구성하는 원인이다. 의자의 질료인은
나무이며, 셔츠의 질료인은 면이다. 앞선 예시는 간단한 것이지만 자
동차처럼 복잡한 물체의 경우에는 시트를 구성하는 섬유, 연료가 되
는 석유, 금속, 유리 외에 여러 가지 요소가 모두 질료인이다.

운동인

운동인efficient cause은 첫 번째 움직임이 다른 움직임을 불러오는 것
을 말한다. 이는 운동이나 변화로도 이해될 수 있다. 예를 들면 아버
지는 자녀의 운동인이고, 말발굽의 운동인은 대장장이다. 조금 더 추
상적으로 보자면 아리스토텔레스는 대장장이가 가진 기술도 말발굽
의 운동인으로 보았을 것이다. 왜냐하면 대장장이에게 속한 금속을
다루는 기술이 대장장이에 의해 표현되어 말발굽을 존재하게 했기
때문이다.

형상인

형상인formal cause은 어떤 형상의 형태로 물체를 존재하게 하는 원인이다. 아리스토텔레스가 말하는 '형상'은 '정의'와 동의어라고 볼 수 있다. 형상의 개념을 먼저 살펴본 뒤 형상이 정의와 동의어인 이유를 알아보자. 간단한 예시를 통해 의미를 파악한 뒤 더 정교한 예시로 개념을 확장하는 편이 이해하기 쉽기 때문이다.

여기 포크가 있다. 포크의 형상인은 무엇일까? 포크의 질료인은 특정 종류의 금속이고, 운동인은 은식기 제작자일 것이다. 이때 형상인은 포크의 모양이다. 포크는 길게 뻗은 손잡이 끝이 네 갈래로 갈라진 금속 물체의 모양을 하고 있다. 포크의 모양을 묘사하면서 우리가 포크의 정의를 말하기도 했다는 점에 주목하자. 포크의 정의는 포크의 외양 묘사와 한 치도 다르지 않다. 외양과 정의가 일치하는 이 편리한 우연이 모든 경우에 적용되는 것은 아니다. 하지만 이 포크 예시는 형상인이 갖는 핵심 의미가 사물의 모양과 동의어인 형태이며, 사물의 형태 자체가 사물의 정의를 전달하기도 한다는 점을 잘 보여준다. 다만 형상과 정의가 언제나 꼭 들어맞지는 않는다. 잠수함의 모양과 정의나 나무의 모양과 정의는 포크의 경우처럼 서로 일치하지는 않는다. 나무의 외양만으로는 나무가 가진 생물학적 기능과 섬세한 내부 작동 원리를 전달할 수 없을 뿐만 아니라 나무가 생물이라는 사실 자체도 반영하지 못한다. 플라스틱으로 만든 크리스마스트리처럼, 나무

포크의 원인에는
어떤 것들이 있을까?

를 본떠 만든 가짜 나무는 생물이 아니지만 생물인 나무와 똑같은 외양을 가질 수 있기 때문이다.

목적인

목적인final cause은 4원인 중 가장 추상적이면서도 가장 이해하기 쉬운 원인이다. 대개 어느 사물의 **용도**를 알면 우리는 그 사물이 무엇인지 가장 잘 이해할 수 있게 된다. 여러분 앞에 특이하게 생긴 기계 장치가 놓여 있다고 가정해 보자. 외양을 살피는 것만으로는 그것의 기능이나 용도를 바로 알 수 없으므로, 여러분은 자연스럽게 "이 물건은 무엇에 쓰나요?" 하고 물을 것이다. "쥐를 잡는 물건입니다" 또는 "견과류를 깨 먹을 때 씁니다"라는 대답을 들으면, 그 물건의 본질을 이해하게 된다.

사실 아리스토텔레스는 목적인을 설명할 때 목적이란 단어를 사용하지 않았다. 대신 그는 **"어떤 가치를 위하여"**라고 묘사했다. 사람은 건강을 위해 운동을 하고 국가는 승리를 위해 전쟁에 나선다고 할 때, 건강과 승리가 목적인에 해당한다. 이런 관점에서, 아리스토텔레스가 목적인에 부여한 조금 다른 강조점을 살필 수 있다. 어떤 일을 행할 때 그로 인해 이득을 보는 수혜자가 바로 그 강조점이다. 여러분은 연인에게 감동을 주기 위해 시를 쓸 수 있다. 이런 경우에, **'어떤 가치를 위하는지'**와 그 시의 수혜자는 연인(또는 연애)으로 강조점이 서로 일치한다.

4원인은 목적인을 통해 하나로 묶인다. 총체적인 목적을 의미하는 목적인은 질료인과 운동인 양자를 결정하고, 두 원인은 형상인을 끌어내기 위해 함께 작용한다. 예를 들어, 누군가에게 줄 선물로 의

1) 의자의 질료인 : 나무

2) 의자의 운동인 : 목수

3) 의자의 형상인 : 다리가 네 개 달린 앉을 거리

4) 의자의 목적인 :
   a) 앉을 목적
   b) 구매자를 위한 목적

4원인론으로 본 의자

알아두면 쓸모 있는 철학 상식 사전

자를 만드는 목수를 생각해 보자. 의자를 만들겠다는 결심은 목적인이다. 이는 궁극적 목적이지만, 논리적으로는 첫 단추다. 의자를 만들겠다는 목표가 질료인인 나무를 결정하며, 운동인은 목수다. 나무와 목수는 협력하여 다리가 네 개 달린 의자라는 형상인을 만들어 낸다. 최종 단계에서 네 가지 원인으로 발생한 의자가 존재하게 된다.

14

대상을 이해하는 출발점
아리스토텔레스의 범주론

'이것은 무엇인가'라는 질문은 우리에게 이미 익숙한 것으로, 그 답은 무수히 많은 가능성에 열려 있다. 예를 들어 우리가 문어를 묘사한다고 생각해 보자. 문어는 '동물', '작은 것', '지적인 것' 등 다양한 맥락과 목적에 따라 묘사될 수 있다. 이런 단순한 과정은 때때로 우리가 생각하는 방식에, 또한 철학적 사고가 이루어지는 방식에 꼭 필요하다.

아리스토텔레스는 생물학이나 논리학처럼 범주에 따른 분류가 필수적인 분과 학문의 아버지로 여겨진다.

우리가 무엇을 어떻게 생각하는지는 우리가 내리는 정의, 규정하는 특징, 그리고 의미 있는 차이에 따라 형성된다. 이 모든 측면은 우리를 둘러싼 세계를 범주로 나누는 방식에 따라 재현된다. 범주화는 근본적으로 유사성에 따라 사물을 묶는 방식이자 비슷한 것들을 골라서 묶는 방식이며, 서로 닮은 것을 그렇지 않은 것들 사이에서 솎아내는 방식에 지나지 않는다. 범주화의 흔한 예로는 여러 상품을 판매하는 슈퍼마켓에서 '빵 및 과자', '유제품', '아침 식사용 제품', '파스타' 등 라벨을 붙여 물건들을 분류하는 것 등이 있다. 이렇게 생각하면 새삼스러울 수도 있는데 음식은 아침, 점심, 저녁이라는 범주로 분류할 수도 있지만 한편으로는 완전히 다른 기준으로, 예를 들면 한쪽에는 크기가 작은 음식을 두고 다른 쪽에는 크기가 큰 음식을 두는 방식으로도 분류할 수 있다. 이 예는 범주라는 개념이 세계가 어떠한지, 또 우리가 세계를 어떻게 생각하는지에 따라 구성된다는 것을 잘 보여준다.

범주의 기원 : 분류의 필요성

아리스토텔레스는 세상에 존재하는 사물을 분명하게 인식하고 이해하며 구체화하고 범주화하는 일에 관심이 많았다. 이는 어떤 점에서 철학의 임무이지만, 더 근본적으로 범주화는 철학에 앞서, 철학을 예비하는 것이다. 많은 철학자들이 아리스토텔레스가 이 챕터를 연 질문, '이것은 무엇인가'라는 질문을 통해 자신만의 특별한 범주 체계를 생각해 냈을 것이라고 추측한다.

아리스토텔레스는 항상 '이것은 무엇인가'라는 질문을 추구했다. 모든 과정에는 과학적 방법론이 있으며, 그렇기에 개별 사물보다 그 사물의 종류가 앞선다는 이야기다. 아리스토텔레스가 자신의 범주 이론을 그보다 앞서 존재한 소크라테스에게 적용했다면, 아리스토텔레스는 '소크라테스'가 자신에게 앞서 존재했다고 말하지 않고 '한 사람'이 존재했다고 말할 것이다. 한 '사람'이 소크라테스가 속한 범주이기 때문이다. 더 살펴보겠지만, 아리스토텔레스의 범주 이론은 이 대답이 보여주는 것보다 더 광범위한 내용을 품고 있다.

열 가지 범주		
범주	설명	예시
실체	이것이 무엇인가?	소크라테스
양	얼마나 많은가?	1
양	어떤 특징을 갖는가?	창백하다
관계	무엇과 관련되어 있는가?	소프로니스쿠스의 아들, 플라톤의 스승
장소	그것이 어디 있는가?	아테네의 시장
시간	지금이 몇 시인가?	정오
놓임새	어떻게 배치되어 있나?	앉아 있다
소유	그것이 무엇을 갖고 있는가?	망토
능동	그것이 무엇을 하고 있는가?	구매한다
수동	그것에 어떤 일이 일어나고 있는가?	따뜻한 햇볕이 내리쬐고 있다, 타인이 말을 걸고 있다

열 가지 범주

아리스토텔레스는 실체, 양, 질, 관계, 장소, 시간, 놓임새, 소유, 능동, 수동이라는 열 가지 범주를 제시했다. 물론 직접 그렇게 말하지는 않았지만, 이 열 가지 범주는 세상에 사물이 존재하는 모든 방식을 다 설명하고도 남는다. 앞서 제시된 열 가지 범주 이외에 사물이 세상에 존재할 수 있는 또 다른 방식은 없다. 더 나아가, 이 열 가지는 사물이 어떻게 존재하는지 설명하는 가장 일반적인 방법이기도 하다. 이 열 가지 범주는 서로 묶일 수 없고 각각 독립적으로 존재한다는 점에서 궁극적이기도 하다.

이 범주 중 시간과 같은 몇 가지는 직관적으로 이해할 수 있다. 시간 범주는 어떤 일이 일어나거나, 일어날 것이거나, 일어났던 **시간**을 가리킨다. 가장 중요한 범주라고 말할 수 있는 **실체**와 같은 다른 범주는 조금 더 복잡하다. 그러나 개별 범주의 세세한 사항들을 파고 들어가기 전에, 우리는 먼저 모든 범주가 공통적으로 지닌 한 가지 요소를 살펴볼 것이다. 바로 속genus과 종species이다. 이는 아리스토텔레스 이후 생물 분류의 모범이 된 칼 린네Charles Linnaeus의 생물학 분류체계와는 다른 개념이다.

요약하면, 아리스토텔레스는 모든 사물의 일반적인 분류 내부에는 변종과 아류sub-type가 있다고 생각했다. 아리스토텔레스 이야기는 뒤에서 더 하기로 하고, 속과 종을 쉽게 이해하려면 '캔디'라는 '속'이 있고 막대사탕, 캔디 바, 껌, 젤리빈, 마시멜로 등 다양한 캔디의 '종류'가 있다고 보면 된다. 전부 똑같은 캔디'속'에 속하지만 제각각 다른 캔디다.

아리스토텔레스는 한 사물을 다른 사물과 구분되게 하는 차이점을 '**종차**differentia(복수형은 differentiae)'라고 불렀다. 즉 모든 캔디가 '설탕이 들어간 당과'라고 한다면, 마시멜로의 종차는 독특한 모양과 질감이 될 것이다. 마시멜로는 모양과 질감이라는 종차에 의해 캔디속 안에서 구별되는 종이 된다. 캔디가 설탕이 들어간 당과라면, 마시멜로는 설탕이 들어간 부드럽고 흰 원통형의 당과다.

소크라테스를 아리스토텔레스 범주론의 예시로 들기
열 가지 범주의 상세한 내용으로 돌아와서, 먼저 우리가 고대 그리스

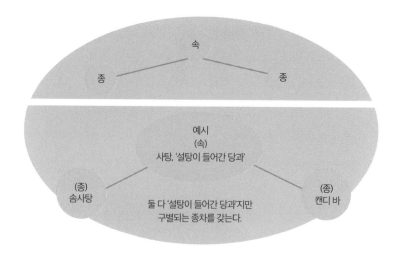

로 돌아가 소크라테스를 앞에 앉혀둔 청중이 되었다고 상상해 보자. 그의 **실체**는 인간일 것이고, **수량**은 하나 또는 단수일 것이며, 그의 **질**(다른 사람들과 비교할 때)은 창백하다는 것, 그리고 그의 **관계** 범주(역시 다른 사람들과 비교할 때)는 그가 소프로니스쿠스의 아들이라는 점일 것이다. 관계는 꼭 가족 관계로만 제한될 필요는 없다. '플라톤의 스승'이라는 설명도 관계 범주에 들어갈 수 있는 좋은 설명이다. **장소**의 경우에는, 우리 모두가 아테네의 시장에 있다고 하고 시간은 정오라고 하자. 장소와 **시간**은 다른 범주들과 마찬가지로 얼마나 세세하게 특정할지 조정할 수 있다. 더 일반적으로 말하고 싶다면 '그리스'나 '지구'라고 말할 수 있고, 더 구체적으로 말하고 싶으면 '도기 진열대 앞'이라고 말할 수도 있다. 심지어 실체라는 범주 안에서도, 제한은 있지만 우리는 소크라테스를 '인간' 또는 '동물'로 지칭해(당연하게도 인류는 동물의 한 종이다) 얼마나 추상적으로, 또는 구체적으로 말할지 정할 수 있다.

알아두면 쓸모 있는 철학 상식 사전

계속해서 다른 범주를 말하자면, 소크라테스는 의자에 앉아 있으므로 그의 **놓임새**는 앉은 자세다. 그의 **소유**는 그가 오래 입어서 해진 망토를 두르고 있기에 소유함, 또는 입음이 될 것이다. **능동**적인 행위의 관점에서 우리는 소크라테스가 먹을거리를 사고 있다거나 토론에 참여 중이라고 말할 수 있고, **수동** 또는 그가 어떤 상황의 대상인지에

아리스토텔레스의 열 가지 범주를 철학자 소크라테스에게 적용할 수 있고, 그렇게 함으로써 소크라테스가 되기 위한 의미가 무엇인지에 대한 그림을 구축할 수 있다.

대해서는 그가 따뜻한 햇볕을 받고 있다거나 지나가는 사람들과 대화를 주고받는 상황에 놓여 있다고 할 수 있다.

모든 범주를 이해하면 사물의 전체적인 그림을 이해할 수 있다. 이 경우에는, 아주 오래전 소크라테스로 사는 것은 어떤 것인지를 이해할 수 있을 것이다. 범주라는 개념은 우리가 탐구하는 대상의 과학적이고 객관적인 측면을 이해하기 위한 것이며, 대상을 포괄적으로 이해하기 위한 방향을 제시하는 출발점 역할을 한다.

15

감정은 미덕이 아니다
스토아학파의
감정 제거하기

감정은 나쁜 것일까? 분노 같은 감정은 부정적이고 바람직하지 않다고 생각할 수 있지만, 모든 감정이 그런가? 만약 감정을 제거할 수 있다면 여러분은 그렇게 할 것인가? 그런데 감정을 제거하는 것이 가능하기는 할까?

시티움의 제논은 감정이란 믿음으로부터 강한 영향을 받으며, 심지어는 믿음이 감정을 결정하기도 한다고 생각했다.

아테네에서 시티움의 제논(기원전 334~262)에 의해 시작된 철학 학파인 스토아학파는 감정에 대한 위의 내용이 전부 옳다고 생각했고, 감정이나 열정은 악한 것이므로 제거해야 한다고 믿었다. 이 챕터에서 우리는 감정이란 무엇이며, 이 감정에 대한 이해가 스토아학파의 입장과 어떻게 연결되는지 살펴볼 것이다. 스토아학파가 감정

알아두면 쓸모 있는 철학 상식 사전

을 이해하는 방식은 그들에게 감정을 어떻게 줄일지, 결국에는 어떻게 제거할지에 대한 통찰력을 주기도 했다.

감정이란 무엇인가?

먼저, 현대에서 그리스어로 '**파토스**pathos'라고 부르는 열정이나 감정을 이해하는 방식은 고대 그리스 철학에서 파토스라는 단어가 통용되던 방식과 크게 다르지 않다. 그리스어 파토스는 열정을 의미하는 영어 단어 '패션passion'처럼, 감정의 수동적 본성을 강조하는 단어에서 유래했다. 이는 한편으로는 감정을 행위와 구별하고, 다른 한편으로는 감정을 외부의 도발이나 상황처럼 열정을 불러일으키는 외부 요소 때문에 촉발되는 반응으로 이해하게 한다.

열정의 범주		
	좋음	**나쁨**
현재	현재의 좋음 : 즐거움	현재의 나쁨 : 고뇌
미래	미래의 좋음 : 욕망	미래의 나쁨 : 두려움

감정의 네 가지 차원

열정은 네 가지 범주로 나뉜다. 이 네 가지 범주는 좋음, 나쁨, 현재, 미래다. 현재의 좋음과 관련된 열정은 즐거움이고, 미래의 좋음과 관련된 열정은 욕망이다. 나쁘다고 인식되는 두 가지 열정은 고뇌(현재의 나쁨)와 두려움(미래에 다가올 나쁨)이다. 예를 들면 즐거움은 아이스크림콘을 먹는 행위를 현재의 좋음으로 느끼게 하는 반면, 두려움은 죽음을 미래의 악으로 느끼게 한다. 우리가 특정한 현상을 어떻게 바라보느냐가 열정을 이렇게 범주화하도록 결정한다는 것을 기억해 두자. 즉 우리는 명절처럼 미래에 좋은 것을 향해 욕망을 가질 수도 있지만, 스토아학파의 관점에 따르면 이 사실은 우리가 명절을 좋은 것으로 생각한다는 점을 보여줄 뿐, 그 욕망 자체가 좋다는 이야기는 아니다.

위 표에 따르면 감정에는 다양한 아류sub-kind들이 있지만, 그 감정들은 전부 네 가지 범주 안에 속한다. 앞서 이야기했듯 스토아학파의 목적은 이 감정 전부를 제거하는 것이었다.

감정은 미덕이 아니다

스토아학파에게 감정은 달갑지 않은 침입과 같다. 스토아학파의 관점에서 행복을 달성하기 위해 유일하게 필요한 것은 미덕이다. 그러나 미덕에는 열정이 들어갈 자리가 없다. 그렇다면 스토아학파가 열정을 이토록 떨떠름하게 받아들이게 된 이유는 무엇일까? 간략히 말하자면, 유일하게 가치 있는 대상은 미덕뿐이지만 감정은 미덕만큼 가치 있는 무언가를 반영하기 때문에 미덕과 부딪힌다. 감정은 믿음을 기반으로 생겨나며, 감정을 떠받치는 믿음은 감정이 갖는 강력한 힘이 된다. 우리가 오늘날 감정을 파악하는 방식과 반대로, 스토아학파는 감정이 우리 인간에게 그저 발생하는 마음의 상태니 어떤 감정을 느낀다고 해서 그 사람을 탓할 수는 없다는 입장을 부정했다. 감정은 믿음을 통해 시작되며, 감정의 해악을 설명하는 근거도 바로 이 '믿음'이었다.

스토아학파는 감정에는 생각과 관련된 부분이 있으며, 감정이란 우리가 가진 믿음이 무엇인지 드러내고 강화한다고 주장했다. 가장 먼저, 감정은 가치를 요구한다. 이 말은 앞서 살펴본 네 가지 차원에서 다룬 것처럼, 감정은 좋음 또는 나쁨을 특정 대상이나 현상의 탓으로 돌린다는 것이다. 죽음을 향한 두려움이 존재하는 이유는 우리가 죽음을 좋은 것이 아니라 나쁜 것으로 판단하기 때문이다. 우리는 선과 악에 대한 이러한 판단에서 비롯하는 생각의 과정을 '죽음은 나쁘다'와 같은 명제 형태로 표현할 수 있다. 더 나아가, 이런 가치 판단은 대상이나 현상을 실제로 심사숙고해서 따져본 진짜 가치와 맞지 않을 수도 있다.

앞에서 우리는 스토아학파가 오직 미덕만을 가치 있는 것으로 파악한다고 살펴보았다. 미덕은 행복의 충분조건일 뿐 아니라, 우리가 추구하고 욕망해야 할 유일한 대상이다. 미덕은 너무나 숭고한 것이라서 스토아학파는 미덕을 갖춘 사람이라면 고문을 당하더라도 여전히 행복하다는 믿음을 고수했다. 따라서 스토아학파에게 선악을

올바른 가치 판단 : 미덕이 모든 것을 압도하는 것

판단하는 기준은 미덕 그 자체다. 우리가 고민하는 대상이 미덕이 아니라면, 우리는 그것에 대해 고민하지 말아야 한다. 우리가 죽음(과 비슷하게 나쁜 것) 또는 돈(과 비슷하게 좋은 것)에 대해서 고민한다면, 우리는 죽음이나 돈이 실제로 지니고 있지 않은 가치를 갖다 붙이는 격이다. 왜냐하면 가치를 추구하는 우리 인간의 헌신적인 마음은 미덕 자체에만 주어져야 하기 때문이다. 죽음을 두려워하는 것은 죽음에 실제보다 높은 가치를 부여하는 것이며, 돈을 추구하는 것 역시 돈에 실제보다 높은 가치를 두는 것이다. 우리 인간의 고민은 오직 미덕에 대한 것이어야 한다.

중요하지 않은 일로 화를 내는 것

지금까지 우리는 감정이 우리의 가치와 믿음에 달려 있다는 스토아학파의 비판을 짚어보았다. 가장 좋아하는 셔츠에 지워지지 않은 음식 얼룩이 짙게 묻은 경우를 생각해 보자. 이때 느끼는 곤란함은 생물학적 반응처럼 이 상황이 우리에게 주는 피할 수 없는 결과 이상의 차원이다. 셔츠에 닥친 이 곤란함은 셔츠와 우리가 맺는 관계, 그리고 우리가 그 셔츠에 가지고 있는 믿음에 기반한다. 우리는 그 셔츠가 사실은 그렇게 귀중하지 않았을 때도 그것을 매우 소중한 것으로 생각했다. 또한 우리는 셔츠가 우리와 맺는 관계는 미덕을 갖춘 소유자로서 우리 자신에게 달려 있다고 잘못 생각했다. 이런 감정적 과정의 총체는 가치 있지 않은 것에 가치를 둔 잘못된 행위에 기반을 두고 있다. 이런 점에서 감정은 이성적이다. 이때 이성적이라는 말은 '이성에 의해 결정되어야 하는 것'의 의미가 아니라 일반론적 차원에서 정신의 활동에 따라 심사숙고하여 선택한 결과라는 의미다.

즉 스토아학파는 감정이란 우리가 세계에 대해 가지고 있는 잘못된 믿음, 특히 가치 있지 않은 것에 가치를 두는 것에 기반하기 때문에 감정을 나쁘게 여겼다고 요약할 수 있다. 결국 감정이 바람직하지 않은 것은 말 그대로 미덕을 갖추고 있지 않기 때문이다.

가치에 대한 오판 : 미덕이 훨씬 무거워야 한다.

16

나는 여기에 있다
존재한다는 개념

이다/있다(is), 존재한다는 개념은 틀림없이 우리에게 가장 친숙한 생각일 것이다. '이 차는 별로야', '저 남자는 우리 형이야', '나는 내 재킷을 어디에 뒀는지 모르겠어', '보라색은 아름다운 색이야.' 이는 너무나 친숙한 개념으로, 우리는 이다/있다를 빼놓고 무언가를 말하거나 생각하기 쉽지 않다(이 챕터의 첫 번째 문장 역시 그렇게 시작했다). 하지만 시간처럼 익숙한 개념이 그렇듯이, 존재를 자세히 분석하면 이 역시 무척 헷갈린다.

'있다'에 대해서는 확실한 개념이 있다. 우리는 무언가가 실체적으로 존재한다고 이야기할 때 '있다'라는 표현을 쓴다. 우리가 생각하기에 우리는 있고, 우리를 둘러싼 세계도 이렇게 강력한 존재적 맥락 안에 있다. 하지만 무언가가 존재한다는 것은 어떤 의미일까? 존재란 그 사물 안에 진짜로 있는 것일까?

서구 철학에서 존재에 대한 논의는 고대 그리스에서 시작되었다. 존재와 비존재는 당대를 살아간 철학자들이 수많은 매력적인 생각을 전개할 수 있었던 원천이었다. 플라톤과 아리스토텔레스가 철학을 하던 시기에 존재에 대한 사유는 성숙한 수준에 다다랐다.

아리스토텔레스와 존재라는 활동

아리스토텔레스는 무언가 존재한다는 것은 그것이 있는 그대로 있다는 것이라고 믿었다. 이 설명은 그리 도움이 되지 않는 것 같다. 하지만 이 명제에는 생각보다 많은 것이 숨어 있다. 스폿Spot이라는 개가 본질적으로 무엇이냐고 묻는다면, 바로 튀어나올 대답은 개라는 것이다. 스폿은 개로서 존재한다. 누군가는 더 나아가 개가 본질적으로 무엇이냐고 물을 수 있으며, 그에 대한 대답은 개는 동물이라는 대답일 것이다. 우리는 계속해서 동물이란 무엇이냐고 물을 수도 있고, 이에 대한 대답은 물, 불, 흙, 공기가 특정하게 합쳐진 산물이라는 것이다. 이 과정은 결국 실체라는 범주 자체가 무엇인지 묻는 질문에서 멈추게 될 것이다.

아리스토텔레스에 따르면 우리는 실체가 무엇인지 물을 수 없다. 왜냐하면 동물이나 다른 실체들은 단순히 실체일 뿐이기 때문이다. 실체를 설명할 수 있는 상위 범주는 존재하지 않는다.

아리스토텔레스 :
존재는 사물의 있는 그대로다

개는 ~다
• 개다
• 동물이다
• 물, 불, 흙, 공기(또는 요소)가 합쳐진
  것이다

아퀴나스 : 존재와 본질

토마스 아퀴나스(1225~1274)는 철학자 보에티우스(477~524)만큼은 아니지만 일찍이 이런 전통에 따라 존재와 본질을 구분했다. 이 구분은 사물이 존재하기도 하지만 소멸하기도 한다는 점에서 출발한다. 동식물, 또는 집이나 탁자 같은 사물 등 평범한 경우에는 먼저 이 사물들이 존재하게 되었다가 어떤 시점에서 존재하지 않게 되는 과정이 있다. 탁자는 존재하거나 존재하지 않을 수 있지만, 탁자의 정의는 본질적으로 탁자의 존재 여부와는 상관이 없다.

존재하다가 소멸하는 과정을 고민하던 아퀴나스는 오직 신만이 존재하다가 소멸하지 않는, 존재와 본질이 일치하는 유일한 실체라고 주장했다. 탁자 같은 사물의 경우, 그 본질은 물리적인 형태를 통해 표현된다. 탁자의 예시를 통해 우리는 탁자의 본질이 "평평한 표면에 다리가 네 개 달린 것"이라고 말할 수 있다. 중심에 금이 가서 갈라지는 등 물질적 실체가 부서지는 순간 그것은 탁자로 존재하기를 멈춘다(그것은 두 개의 큰 나무토막으로, 또는 원자들의 집합으로 계속 존재한다).

프레게 : '이다/있다'의 세 가지 용례

수학자이자 철학자인 고틀로프 프레게(1848~1925)는 **'이다/있다'**를 찬찬히 분석하여 존재 개념에 중요한 구분점을 남겼다. 이 단어를 이해하는 데는 세 가지 방법이 있으며, 이 세 가지 다른 용례를 구분하지 않으면 우리는 '이다/있다'가 그저 **'존재한다'**를 의미한다는 결론에 이르러 혼란에 빠지게 된다.

먼저, **'이다/있다'**는 동일성을 의미한다. 이는 우리가 "파리는 프랑

보에티우스는 중세 초기의 라틴 철학자 중 한 명으로, 신학자이면서 존재와 본질을 구분한 철학자이기도 했다.

스의 수도다"라고 말할 때 '**이다**'가 활용되는 용례다. 이때 먼저 제시된 것은 이어 제시된 것과 동일하거나 같다. '**이다/있다**'에는 "내 강아지는 갈색이다"라고 말할 때처럼, 부연적으로 서술하는 용례도 있다. 해당 명제에서 강아지는 갈색과 동일하지 않지만, 그 강아지는 갈색이라는 속성을 가지고 있다. 마지막으로 제시되는 '**이다/있다**'의 용례는 존재에 관한 것으로, '신은 있다'라고 할 때 사용되며, 앞선 두 예시와 구분된다.

존재는 속성일까?

이다/있다에 대한 분석에서 더 나아가, 존재를 주제로 하는 철학적 논변이 제기하는 또 다른 이슈가 있다. 이는 논란의 여지가 있는 개념으로, **존재한다**는 동사가 사실 속성을 의미하는지 아닌지에 대한 논쟁이다. 즉 "사만다가 존재한다"라고 말한다고 해보자. 이때 우리는 사만다가 가진 속성에 대한 명제를 이야기하는 걸까? 어떤 주목할 만한 철학자들은 존재는 속성이 아니라고 생각했다. 이는 그저 언어의 의미론에 관련된 궤변처럼 들릴 수 있지만, 존재가 속성이 아니라는 말에는 고개를 끄덕일 만한 이유가 적어도 한 가지 있다. 사만다가 죽는다고 가정하자. 그럼 우리는 이제 "사만다는 존재하지 않는다"라고 말할 수 있을까? 우리는 이런 경우에 항상 존재에 대한 부정적인 이야기를 하는 것 같다. 따라서 아무 문제가 없다고 생각할 수 있다. '그 가게는 더 이상 존재하지 않는다', '로마 제국은 더 이상 존재하지 않는다' 같은 문장들 말이다. 이 명제들의 진실성을 계속 보존하고 싶다면, 우리는 '반-속성' 지지자라고 부를지도 모르는 사람들을 따라 존재가 속성이란 점을 부정해야 한다. 존재가 속성이라는 다른 관점에서는, 우리가 "사만다가 존재하지 않는다"라고 말할 때 우리는 무언가가 존재하다가 더 이상 존재하지 않는다는 사실을 동시에 표현하는 것이다. 이때 철학자들이 우려하는 점은 이것이 어떤 무언가와 그것의 부정을 동시에 전달하므로, 순수한 형식에 모순이 발생한다는 점이다.

또 다른 우려는 우리가 존재를 속성이라고 한다면 그것이 사물에 무엇을 추가하느냐는 문제다. 무언가에 존재라는 속성을 더한다는 말은 단순히 어떤 사물이 지금 우리 곁에 있다는 것을 의미하므로, 이때 제기한 문제는 이상하게 들릴 수 있다. 그러나 '부드러운 베개가 존재한다'는 명제를 생각해 보자. 우리는 이 문장의 의미를 안다고 생각한다. 하지만 '부드럽다'는 것은 무언가 이미 현실에 있다는 것을 의미한다. 즉 비존재 상태나 추상적인 상태에서는 부드럽다

(또는 상황에 따라 딱딱하다)는 말 자체가 성립할 수 없다. 베개든 침대
든 잘 익은 복숭아든 부드럽다는 것은 이 대상들이 이미 부드러운 상
태로 존재해야만 한다는 이야기다.

종류	예시
부연설명	그 나무는 초록색이다
동일시	파리는 프랑스의 수도다
존재	신은 있다

17

과연 신은 있을까
신성한 존재

'신은 존재하는가?'라는 물음은 아마도 입 밖에 내서 말한 것보다 머릿속으로 훨씬 많이 생각하는 질문일 것이다. 이 질문은 단순하지만 심오하며, 인간이 물을 수 있는 가장 중요한 질문이라고 할 수 있다. 질문 자체는 그저 호기심의 표지로 중립적으로 해석될 수 있지만, 동시에 날카로운 회의를 담은 질문이기도 하다. 신이라는 존재가 정말로 있는 것일까?

토마스 아퀴나스는 그의 저작 《신학대전》에서 위와 정확히 같은 질문을 제기한다. 이 책에서 아퀴나스는 논제에 이의를 제기하는 방식, 그리고 그 이견에 응답하는 방식으로 이 질문을 다룬다. 신의 존재를 논할 때 그는 악이 존재하는 세상에 과연 신이 있다고 볼 수 있는지와 같은 악의 문제, 신의 불필요성 등을 이견으로 제기한다. 또한 이 주제에 대한 그의 둘째 이견은 자연적인 원인만으로 세상이 존재하는 상태를 설명할 수 있는지에 대한 것이다.

이 챕터에서 우리는 아퀴나스가 신의 존재를 위해 만든 예시를 탐구할 것이다. 전통적으로 《신학대전》의 해당 부분은 아퀴나스가 소개하는 다섯 가지 논거를 따 '다섯 가지 길'이라고 불렸다. 그 아이디어 중 일부는 어떤 점에서 오직 아퀴나스만이 창안한 독특한 논거

아퀴나스는 중세 철학과 신학에서 결코 빼놓을 수 없는 철학자이자 신학자로, 고대 철학과 기독교 교리를 종합했다.

라고도 볼 수 있지만, 신의 실존에 대한 아퀴나스의 아이디어는 아리스토텔레스와 같은 오래된 근거에 기반을 두고 있기도 하다.

첫째 길 : 운동

첫째 길은 운동에 대한 논거다. 아퀴나스는 무언가가 운동하는 것은 어떤 것이 다른 것에 의해 움직여지는 것이라고 말한다. 이는 쉽게 동의할 수 있다. 그러나 움직이는 모든 것이 외부의 힘에 의해 움직인다는 사실로부터 신이라는 개념까지 나아가기 위해서는 다른 논거들을 보충해야 한다.

세상에 존재하는 그 어떤 것도 저절로 움직일 수 없다고 가정하자. 인간이 자기 몸을 움직여 나아가듯 스스로 운동하는 것처럼 보이는 무언가가 있을 수도 있지만 아퀴나스의 생각은 이와 달랐다. 똑같은 사람의 예에서도, 그는 사람이 직접 움직이지 않는다고 생각했다. 왜냐하면 그 사람은 특정 시점에 창조된 것이 명백하고, 그 시점 이전의 그 사람은 움직이지 않는 상태였으며, 논란의 여지가 있지만 자궁 안에서도 자기 몸을 움직이지 않았을 것이기 때문이다. 그러니 인간의 움직임에 앞서는 다른 운동이 이미 정해져 있다는 것이 그가 생각한 방향이었다. 이 각각의 움직임이 교대로 서로를 촉발하는 것이 분명하지만 이것이 영원히 이어질 수는 없다. 이 움직임은 어디에서든 멈춰야 한다. 아퀴나스는 자신은 움직이지 않지만, 다른 것을 움직이게 하여 이 움직임의 전체적인 연쇄 반응을 촉발하는 존재를 신이라 불렀다.

운동 논거

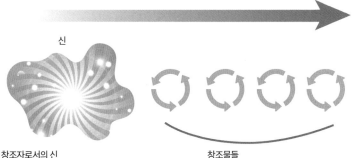

창조자로서의 신

다른 것들을 움직이게 하지만,
자신은 움직여지지 않음

창조물들

다른 것들이 움직이고
자기 자신도 움직임

신의 존재

둘째 길 : 운동인

둘째 길은 첫째 길 논거와 굉장히 유사하다. 이는 아리스토텔레스가 제기한 **운동인 개념**에 기대고 있다. 운동인 또는 작용인은 다른 무언가를 존재하는 상태로 만드는 원인을 말한다. 즉 아버지는 자식의 운동인이며, 광범위한 맥락에서 살펴보면 태양은 식물이 싹을 틔우는 운동인이다. 운동인은 존재에 변화를 불러오는 원인이다.

모든 운동인은 그 운동인이 불러일으킨 효과나 결과와 함께 다닌다. 자식이 자기 자신의 운동인이 될 수 없는 것과 마찬가지로, 일반적으로 사물은 자기 자신의 운동인이 될 수 없다. 다른 말로 표현하면 존재하는 상태에 있는 만물은 그것의 외부에 있는 운동인에 의해 발생한 것이 분명하며, 이 변화는 돌이킬 수 없다. 하지만 이 변화 과정을 촉발한 어떤 시점이 분명 존재할 것이다. 이는 신이 첫째 운동인이라는 생각을 하도록 한다.

신

신은 원인이 필요하지 않기에
존재하게 되지 않는다

존재하게 되는 만물은 원인이 필요하다

운동인 논거

셋째 길 : 가능성과 필요성

셋째 길은 아마도 가장 복잡하며 추상적인 논거일 것이다. 이는 가능성과 필요성에 뿌리를 둔 논거다. 이 말은, 우리가 보는 세계가 완전히 타락하기 쉽다는 것이다. 존재하는 만물은 결국 사라지게 된다. 아퀴나스가 이를 표현한 언어는 다음과 같다. "만물은 존재할 수도 있고 존재하지 않을 수도 있다."

하지만 만물이 존재하지 않을 수 있다면, 만물은 과거에도 존재하지 않았을 수 있다는 말도 가능하다. 이는 과거에 아무것도 존재하지 않았다는 의미일 수 있지만, 아무것도 존재하지 않는 상태는 무언가가 될 수 있는 힘이 없다는 말이기도 하다. 왜냐하면 아무것도 존재하지 않는다는 것은 아무것도 없다는 말이기 때문이다. 그러나 지금 존재하는 세계에는 무언가 존재하기 때문에, 세계를 완전한 무에서 유로 나아가게 한 어떤 요소가 작용했다는 점은 분명하다. 이는 그 최초의 요소가 신이라는 결론으로 이어진다. 왜냐하면 신도 없고 아무것도 없는 완전한 무의 상태는 결코 저절로 유의 상태로 나아갈 수 없기 때문이다.

신

과거의 어떤 시점에는 아무것도 존재하지 않았다

지금은 무언가 존재한다

아무것도 없는 상태에서 있는 상태로 나아갈 수는 없기에, 신이 무언가 만드는 과정을 시작한 것이 틀림없다

가능성과 필요성 논거

넷째 길 : 최고와 최선

아퀴나스의 넷째 길은 우리가 세상에서 관찰할 수 있는 성질들이 서서히 변화하는 것을 가리킨다. 성질이나 특징을 이야기할 때 우리는 더 덥다, 덜 덥다와 같이 비교를 활용해 말한다. 얼마나 뜨거운지 판단할 때 우리가 생각하기에 가장 뜨거운 물질인 불에 비교하여 판단한다. 좋음과 진실, 고귀함에 대해 말할 때도 우리가 생각하기에 가장 좋고 가장 진실하며 가장 고귀한 것에 비교하여 이야기한다. 다른 모든 뜨거운 것들이 열기를 띠게 하는 불의 예시처럼, 가장 좋고 가장 진실하며 가장 고귀한 것 역시도 세상에 존재하는 좋고 진실하며 고귀한 것들에게 그런 성질을 띠게 한다. 이때 가장 좋고 진실하며 고귀한 존재란 신을 의미한다.

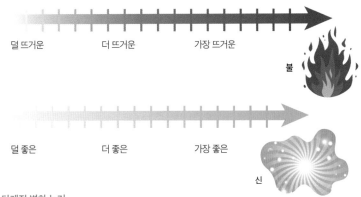

덜 뜨거운　　더 뜨거운　　가장 뜨거운　　불

덜 좋은　　더 좋은　　가장 좋은　　신

단계적 변화 논거

다섯째 길 : 우주만물의 설계

다섯째 길은 세계를 지배하는 질서에 기대고 있다. 세계는 지성적이며 지성을 통해 이해할 수 있다. 아퀴나스는 지성을 언급할 때 인간이나 동물의 행동이나 창작 등을 염두에 두고 말하지는 않았다. 그의 관점에서 세계가 지성적이라는 말은 이성을 갖지 않은 사소한 존재에 대해서도 규칙성과 일관성을 발견할 수 있다는 이야기다. 예를 들어, 돌멩이 같은 사소한 사물도 위로 던지면 항상 땅으로 다시 떨어진다. 아퀴나스는 이렇게 돌멩이가 보여주는 규칙성과 자연적 대상, 그리고 자연법칙이 자기 자신의 목적을 추구하고 획득하는 방식으로 지성을 보여준다고 말한다. 돌멩이의 경우 허공에 던져졌더라도 땅으로 다시 내려와 존재를 지속하는 것이 그 목적이다. 하지만 지성이란 돌멩이와 그 비슷한 다른 것들의 움직임을 촉발하는 지성적 존재에 깃든 것이며, 이때 지성적 존재는 다름 아닌 신을 의미한다.

자연적인 세계는 바위가 언제나 아래로 굴러떨어지는 것처럼
자연스럽게 정해진 질서가 있다는 사실을 보여준다.

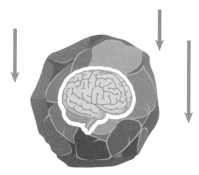

하지만 바위는 동식물과 달리 사고능력을 갖지 않는다. 따라서 이 이성적 질서 뒤에는 틀림없이 지성적인 창조자인 신이 존재할 것이다.

세계를 지배하는 질서 논거

18

증명할 수 없는 믿음
기적이 일어날 확률

기적은 보통 희망이나 절박한 고통의 동의어로 쓰인다. 우리는 기적이 일어나길 '기도하는' 만큼 기적에 '저항하기도' 한다. 기적이 일어나게 하는 일은 믿음을 넘어서는 일이다. 어떤 점에서 기적이 일어나길 기다린다는 말은 우리가 기적이 일어나리라고 전혀 믿지 않는다는 말과 같다. 왜냐하면 기적은 예상할 수 없는 것이기 때문이다.

기적적인 것을 믿는다는 것은 초자연적 존재를 믿는 것과 같으며, 사람들 대부분은 신의 개념을 들며 기적을 논하곤 한다. 기적과 신의 연관관계는 예수가 물 위를 걷거나 부활한 것처럼 특정 종교에서 신적 계시의 증거로 구체적이고 역사적인 기적을 주장할 때 더욱 분명히 드러난다. 우리가 기적을 인식할 수 있다고 해보자. 그렇다면 그 기적을 인식하는 방법에는 무엇이 있을까?

경험을 통해 기적을 인식한다는 것
예후가 좋지 않은 중병에 걸린 친구가 어느 날 갑자기 씻은 듯이 나았다고 가정해 보자. 이때 기적을 그 원인으로 꼽을 수 있을까? 이런 가정은 기적의 핵심을 차지하는 대비를 떠올리게 하므로 논의의 좋은 시작점이 될 수 있다.

먼저 하나는 몇 년에 걸친 경험과 관찰에 따라 우리 정신에 형성된 평범한 방식이다. 이때 이 경험은 우리의 인생 전체를 가리키기에, 무언가 예측을 벗어나는 사건이 발생하면 우리의 맨 처음 반응은 충격과 불신이 될 확률이 높다.

나머지 하나는 기적이라고 추정하는 것 자체로, 이때 기적의 특징은 그것이 혼란스러운 반응을 이끌어 낼 만큼 우리 경험에 들어맞지 않는다는 것이다. 그것이 무엇이든 기적이란 본질적으로 심리적인 사건으로서, 세계를 일관적으로 파악하는 우리 시야를 흔들어 놓는 일이다.

기적의 전제 조건

만약 기적이 처음부터 불가능한 것이라고 규정되어 있지 않다면, 기적을 믿을 법한 것으로 설명하는 한두 가지 가정이 있을 것이다. 첫째 가정은 우리가 기적을 인식하게 하는 수단에 대한 논의다. 우리가 기적을 인식하는 방식은 눈과 귀를 비롯한 오감을 활용하는 방식으로, 지구의 다른 생물과 다르지 않다. 우리의 오감이 믿을 만하고 일관된 지각을 가능하게 한다는 말은 오감을 믿을 수 있다는 말이다. 예를 들어 만약 실제로 그 자리에 존재하지 않는 것을 보여준다고 하면 우리는 눈으로 보이는 기적을 의심하게 될 것이다.

둘째 가정은 평범한 사건에 누군가, 또는 무언가가 개입한다는 논의다. 더 진화한 외계인 종족이 기적을 일으킨다는 특이한 가능성이 있을 수도 있지만, 보통은 무언가 신성한 행위자가 고유한 목적을 위해 예상치 못한 행동을 한 것이라고 설명되곤 한다. 이런 설명은 기적을 가리키는 또 다른 말인 **신성한 개입**에서도 드러난다. 여기서 나는 성스러운 존재를 기적이 일어나기 위한 전제라고 주장했지만, 기적이 성스러운 존재의 전제가 될 수도 있다. 기적이란 개념을 통해 신성한 존재가 있다고 예측할 수 있는 것처럼, 기적 또한 신성한 존재가 있다는 증거로 쓰일 수 있다.

흄의 기적에 대한 반대 논거

이제 기적에 회의적인 입장을 탐색해 보자. 데이비드 흄(1711~1776)도 신성한 존재, 그중에서도 특히 종교적 주장과 기적 사이의 밀접한 관계를 발견했다. 사실 그가 생각하기에 어떤 종교가 되었든 그것을 믿고 따를 만한 이유는 오직 하나, 기적의 발생뿐이었다. 그러나 문제는 기적이 불가능하거나, 일어날 가능성이 매우 낮거나, 최악의 경우는 증명이 불가능하다는 것이었다.

기적을 반대하는 흄의 중심 논거는 자연법칙과 관련되어 있다. 자연법칙이 존재한다면 그것은 오랜 시간에 걸친 반복적이고 지속적인 관찰에 의해 확립된 것이다. 예를 들어 누군가 사망한다면, 우리는 그가 죽은 상태로 머무르는 것을 관찰할 수 있다. 흄이라면 죽었다 살아난 사람을 본 적이 있느냐고 물었을 것이다. 흄의 관점에서, 기적을 설명하기 위해 어떤 논거나 증거를 내놓든 그것은 자연법칙의 확고부동함을 보여주는 수많은 증거들로 반박할 수 있다. 그러니 누군가 죽었다 살아났다는 주장이 있다고 해도 그것은 하나의 예시일 뿐, 한번 죽고 계속 죽은 상태로 머문 사람의 예시는 수백만에서 수십억 이상이다. 그러니 안전한 주장을 하려면 그 기적은 착각이었거나 애초부터 죽지 않은 사람을 죽었다고 잘못 판단했다고 말해

흄은 오늘날 기적, 인과관계, 종교에 대한 회의론적 주장을 펼친 철학자로 잘 알려져 있다.

야 할 것이다.

한쪽은 기적을 믿고 나머지 한쪽은 기적을 믿지 않는 팽팽한 긴장 상태에서 기적에 대해 논한다고 생각해 보자. 이는 증거의 종류나 양에 대한 논쟁보다는 근본적이고 철학적인 불일치에 대한 토론이다. 기적의 독특하고 전례 없는 특성은 믿는 자에게는 기적이 되고, 회의론자에게는 기적의 가능성을 박탈하는 것이다.

기적과 경험으로 다시 돌아와서

이 챕터를 마무리하는 여기서 우리는 기적이 알려지고 발견되는 방식을 고찰할 것이다. 문제는 우리의 경험이다. 우리가 자연 세계에서 우리의 경험을 토대로 어떤 일을 기적으로 판단한다고 가정하자. 이

기적을 믿기 위한 전제 조건

A. 기적과 기적이 아닌 것을 구별할 수 있는 능력.
B. 기적을 관찰한 감각(또는 기록)에 대한 신뢰.
C. 기적을 가능하게 한 권한 또는 기적의 원천. 예를 들면 신.

알아두면 쓸모 있는 철학 상식 사전

때는 현상을 잘못, 또는 불완전하게 이해하여 기적을 감각적으로 지각한 일 자체가 문제가 될 수 있다.

인생 전체를 통틀어 근대 문명에서 멀리 떨어진 외딴 열대지역 섬에서 살아온 사람을 예로 들 수 있다. 그 섬의 날씨는 언제나 따뜻하기 때문에 그의 부족은 얼음을 모른다. 어느 배가 그 섬에 도착해 그 사람에게 얼음을 보여준다면, 그는 물이 고체화된 것을 본 적이 없으므로 얼음을 기적으로 생각할 것이다. 그는 얼음을 기적이라고 여기는 것으로, 자신이 본 것을 합리화한다. 이는 기적에 반대하는 논거라기보다는 기적과 기적이 아닌 것을 구별하는 우리의 능력에 도전하는 논거다.

이 예시가 보여주는 한 가지는 우리가 어떤 현상을 기적이라고 부를 때는 매우 신중해야 한다는 것이다. 왜냐하면 우리가 어떤 것을 기적이라 칭하는 건 상당 부분 우리가 그 기적을 알고 있다는 가정에 의존하기 때문이다.

얼음을 본 적 없는 섬사람은 얼음을 기적이라고 생각하여 정당화할 수 있다.

19

신이 이 모든 것을 만들었을까
자연 세계의 설계

어느 날 당신은 해변을 걷다가 달빛에 비친 어떤 물체를 본다. 가까이 다가가 주워보니 썩 괜찮아 보이는 회중시계다. 시계를 보고 당신은 몇 가지 의문을 떠올린다.

이것은 어디에서 왔을까? 누구의 것일까? 가격은 얼마나 나갈까?

그 시계에 당신이 얼마나 관심을 보이는지와 상관없이 그것에 대해 품는 의문은 근본적인 차원의 것이다. 왜냐하면 당신은 그 시계가 아무것도 없는 허공에서 버섯이 생겨나듯 하늘에서 뚝 떨어진 것은 아니라고 생각하기 때문이다. 그렇다고 해서 그 시계가 평생 그 해변의 필수 요소처럼 놓여 있었을 리도 없다. 당신은 누군가 시간을 알기 위해 그 시계를 만들었다는 사실을 당연하게 받아들인다. 그 시계는 금속과 유리의 우연한 결합이 아니라 인간 지성의 산물이다.

시계공으로서의 신

앞선 몇 세기 동안 어떤 사람들에게 그랬던 것처럼 위에서 언급한 추론이 당신에게도 매력적으로 느껴진다면, 이제 이 추론은 우리를

회중시계 지구

양쪽 모두 설계된 것일까?

둘러싼 명백한 창조물들을 만들어 낸 창조자로서 신이 존재한다는
다음 단계로 넘어간다. 시계나 음악이 지성의 산물이라는 예시는
창조물로서 우주라는 유추 또는 비유로 바로 이어진다. 시계에 그
시계를 만들어 낸 사람이 필요하다면, 우주 역시 그 우주를 창조한
창조자가 있어야 한다. 신의 존재를 둘러싼 이런 논의를 '목적론적
증명'이라고 부른다. 이때 목적론teleology이란 고대 그리스에서 세계
가 움직이는 질서대로 배열하는 것을 의미한다.

윌리엄 페일리(1743~1805)는 위에 언급한 시계공 논거와 매우 유
사한 논거를 제시했다. 그러나 이 논거는 그보다 훨씬 앞으로 거슬러
올라간다. 플라톤은 그의 열 번째 저작인 《법률》에서 밤에 빛나는 별
들의 섬세함이란 신의 존재를 충분히 믿을만한 이유가 된다고 언급
했다. 분실된 저작인 《철학에 대하여》에서 아리스토텔레스는 평생
지하에 갇혀 살던 사람들이 땅 밖으로 올라와 하늘을 처음으로 바라
보게 된다면 신의 존재를 믿을 수밖에 없을 것이라는 상상을 덧붙여
이 판단에 동의한다.

다양한 종류의 설계

이 논거는 단순하고 전달이 쉽다는 점에서 많은 사람의 관심을 받았다. 그렇다고 해서 이 논거가 정교하지 않다는 이야기는 아니다. 이 논거를 다양한 형태로 다루는 것이 이를 뒷받침한다. 예를 들어 이 논거는 세계와 그 설계 사이의 광범위한 유추에 지나지 않거나 세계, 그리고 인간이 만들어 낸 물건들에 찍힌 지성 보증 마크 같은 것에 대해서만 이야기할 수도 있다. 이 논거는 우주 전체가 설계되었다고 하거나, 생물학적 세포의 분자 단위의 복잡함이나 행성의 배열, 인간이 살 수 있도록 설계된 것처럼 보이는 섬세한 생태학적 조건처럼 세계의 특정 면면이 설계된 것이라고 볼 수도 있다.

어떤 이는 설계 논거가 시계처럼 분명히 설계된 것과 설계된 것

페일리는 저서 《자연신학》에서 신의 존재에 대해 목적론적 논증을 펼쳤다.

알아두면 쓸모 있는 철학 상식 사전

처럼 보이는 자연 세계를 평행한 사례로 비유하는 것 이상의 차원이라고 생각한다. 거기에 담긴 생각은 우리가 자연 세계에서 발견할 수 있는 설계는 인간이 만들어 낸 영역에서의 설계를 넘어선다는 것이다. 우주는 회중시계 따위에 비교하면 훨씬 복잡하고 지성적인 면모를 갖추고 있다. 회중시계가 만들어진 것이고 그것이 설계되었다는 사실에 우리가 확신을 갖는다면, 창조자가 우주를 설계했다는 것을 우리는 얼마나 더 자신 있게 주장할 수 있을 것인가?

설계의 질

목적론적 논증을 더 자세히 살펴보면 우리는 몇 가지 이질적인 요소들을 짚을 수 있다. 가장 먼저 복잡성에 대한 호소가 있다. 컴퓨터나 자동차의 설계에서 볼 수 있는 복잡성처럼, 우리는 자연 세계에서도 복잡성을 발견할 수 있다. 전체적으로 작동하기 위해서는 각 부분들이 서로 통합되어야 한다. 시계가 기능하려면 톱니바퀴의 이가 맞물려 돌아가야 하듯이, 우리는 생태계가 생명을 유지하고 자신들이 살아가는 세계를 유지하기 위해 함께 작동한다고 이해할 수 있다.

아마 가장 논쟁적인 부분은 시계가 어떤 '목적'을 위해, 즉 시간을 알기 위해 만들어진 것처럼, 이 우주는 창조된 목적이 있으며, 그 목적이 신의 목적과 나란히 정렬된다고 믿는 주장일 것이다.

외양과 설계

논쟁의 여지가 없이 '일단 보면 알 수 있는' 설계의 예에는 부정할 수 없는 요소가 있다. 심지어 그 설계가 어린아이가 손가락으로 그린 그림처럼 조잡하고 기초적인 수준이라 해도 그렇다. 여기서 얻을 수 있는 한 가지 결론은 설계 논증이 어느 정도는 외양에 의존한다는 것이다. 외양 논증을 한마디로 표현하면, 설계된 모든 것은 설계된 것으로 보이지만, 설계된 것처럼 보이는 모든 것이 정말로 설계되었는지는 논증이 필요하다는 것이다.

지적 설계

목적론적 증명은 오늘날 논란의 여지가 많은 '지적설계론'이라는 형태의 믿음으로 변화했다. 해당 논거는 아직까지는 미시적인 수준의 생물학에만 적용되고 있지만, 이론적으로는 다른 분야에도 적용될 수 있다. 진화론이 우주가 설계되었다는 주장을 위협한다고 느낀 설계론자들은 '환원 불가능할 정도로 복잡한' 생물학적 특징들이 있다고 주장했다. 이 말은 무슨 의미일까?

이는 우리가 생물학적 구조를 각각의 부분이 서로 고립되지 않고 맞물려 작동하는 총체로 인식할 수 있다는 말이다. 각 부분은 일제히 맞는 위치에 놓여 있어야 하고, 그 부분들이 그렇게 배열되어 있지 않다면 해당 기능은 쓸모없어진다. 평범한 쥐덫에서 스프링이나 쇠 프레임, 또는 나무판을 없앤다고 생각해 보자. 부품 한두 개가 빠진 쥐덫은 안 좋은 쥐덫이 아니라 아예 쥐덫일 수가 없다. 이것의 결론은 단순한 것에서 복잡한 것으로 나아가는(진화와 같은) 누적적이고 점진적인 발전은 있을 수 없다는 말이다. 오히려 창조자와 같은 존재가 설계했다는 것이 생명의 탄생에 대해 더 합당한 설명이라는 것이다.

모든 요소가 제자리에 있지 않다면
쥐덫은 작동할 수가 없고,
그러한 쥐덫은
쥐덫으로서 가치가 없다.

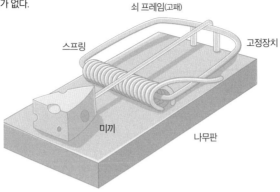

환원 불가능한 복잡성

20

세계를 이루는 두 가지 개념
선과 악

선과 악을 생각할 때 가장 먼저 마음속에 떠오르는 이미지는 빛의 세력과 어둠의 세력, 옳은 것과 그른 것, 심지어는 신과 악마가 전쟁하는 장면이다. 우리가 어떤 가치관을 따르든 윤리적인 삶을 살아간다는 것은 좋은 것, 즉 선함을 지니는 것과 공통점을 갖는다.

적어도, 선을 따르며 살아간다는 사람보다 악을 따르며 살아간다고 공개적으로 인정하는 사람은 찾기 어렵다. 선은 우리가 추구하려는 불빛과 같으며, 우리가 좋지 않다고 생각하는 행위나 사건은 나쁜 것이나 악으로 생각된다.

선과 악의 풍경

선악을 이해하기 위한 첫 번째 단계는 **선**과 **악**이 다양한 방식으로 쓰인다는 점이다. 가장 중요한 점은 우리가 좋거나 나쁘다고 여기는 것이 어떤 도덕적 가치와 연결되어 있다는 윤리적 감각이라고 할 수 있다. 또한, 중요한 건 **선악**이 그 자체로 우리의 생각이나 명명에 상관없이 우주에 대한 진실의 일부로서 독립적인 실체로 존재한다는 점이다.

악의 두 종류

전통적으로 **악**은 두 가지로 구분되어 왔다. 하나는 직접적이든 아니든 인간 행위자가 행하는 **도덕적** 악이다. 나머지 하나는 **자연적** 악으로, 그 기원이 인간 행위와 구별되는 지진이나 질병 같은 것에 해당한다. 두 가지 악은 피해야 하지만, 도덕적 악을 구분하는 것은 악의 원인으로서 인간에게 초점을 맞추게 하며, 그에 따라 적절한 방식으로 비판받도록 한다.

자연적 악을 인정한 어떤 철학자들은 악이 우리의 상상력 바깥에 실제로 존재한다는 점을 의심하기도 했다. 예를 들면 지진에는 그에 내재한 악한 성질이 없다. 사람이 거주하지 않는 화성에 지진이 난다면 우리는 그 행성에서 지질학적 판이 뒤집히는 것이 자연적인 악이라거나 어떤 종류의 악이라고는 생각하지 않을 것이다. 우리가 지진을 악이라고 받아들이는 것은 그것이 인간사에 직접적인 영향을 미치기 때문이다.

악의 두 종류	
도덕적 악	**자연적 악**
인간이 원인임	인간이 원인이 아님
인간이 내리는 선택의 영역	선택과 필연의 영역

인간 활동과 선악의 관계를 고찰할 때 어떤 이들은 자연적 악에 대한 이러한 분석을 도덕적 악으로도 확장해야 한다고 생각했다. 자연재해가 본질적으로는 악하지 않은 것처럼, 우리가 '도덕적 악'이라고 부르는 것에도 악한 본질은 없다는 것이다. 왜냐하면 자연적으로

지진은 자연적인 악의 한 형태이므로 이익이나 단점으로 표현할 수 있는 인간의 행위성과는 관련이 없다.

비롯하든 인간 행위에서 비롯하든, 우리는 그 사건이 우리에게 개인적인 영향을 미치는 부분에 대해 환멸을 느끼기 때문이다. 그럼에도 우리는 악이 악한 이유는 그것이 우리에게 본질적으로 개인적인 영향을 미치기 때문이라고 생각할 수 있다. 왜냐하면 악이란 도덕적 행위자를 훼방놓거나 방해하고 파괴하기에, 피해야 할 것이기 때문이다.

선과 악의 본성

선악이 실제로 존재한다면 그 본성은 어떻게 설명할 수 있을까? 선악의 본질은 추상적이므로, 많은 사람이 이를 정의 내리는 것은 불가능하다는 결론을 내렸다. 좋음을 정의하기 위한 첫 번째 시도로서 우리는 그것을 적합하거나 알맞다는 의미로 설명하는 사전을 찾아볼 수 있다. 여기서 우리는 서로 연관이 있는 두 가지 세부 사항을 추정할 수 있다. 좋다는 것이 누구에게 또는 무엇에 적합하며, 이때 적합성은 어떤 것으로 이루어져 있는지 말이다. 자동차 타이어가 좋다는 말은 운전하기 좋다는 뜻이고 이때의 적합성은 운전 적합성이다. 운전자

음과 양

에게 좋다는 것을 의미할 수도 있고, 이때 좋음의 인간적 대상은 운전자다.

이런 분석은 다양하게 적용될 수 있으며, 이 경우 좋다는 것의 정의도 다양하게 내릴 수 있다. 그러나 좋다는 말이 어떤 의미인지는 여전히 정확하지 않다. 좋음을 즐겁거나 바람직한 것이라고 정의할 때도 비슷한 애매모호함이 남는다. 무언가 좋다는 의미가 누군가에게 좋다거나 특정 목적을 이루기에 좋다는 말이라 해도, 그래서 좋다는 것이 바람직하거나 즐겁다는 의미라 해도, 이런 묘사는 우리에게 별 도움이 되지 않는다. 왜냐하면 우리가 나쁘다고 생각할 수 있는 행동을 하는 사람도 이런 모든 조건을 충족시킬 수 있기 때문이다.

선과 악은 서로 어떤 관계를 맺고 있을까?

이 챕터의 도입부에서 살펴보았듯 선과 악은 서로 연관되어 있는 경우가 많다. 그 각각의 것이 무엇인지 알기 위한 최고의 접근법은 그

개념들을 서로 대조해 보는 것이다. 이렇게 선악을 이해하는 한 가지 방법은 **이분법**의 틀을 적용하는 것이다. 이분법은 선과 악이 서로 반대되는 두 가지 힘이며 무엇이 더 우월한지 경쟁하고 있다는 믿음이다. 인간사의 잔혹함에서 볼 수 있듯 선악이 우위를 차지하기 위해 고군분투하고 있다고 해도, 둘 다 이 세계를 구성하는 동등하고 필수적인 구성요소이므로 궁극적으로 한쪽이 이길 수는 없다. 이분법은 마니교나 도교에서 발견할 수 있는 것처럼 강력한 종교적 지향을 가질 수도 있다. 도교의 관점에서 음양은 이분법에서 선과 악의 역할처럼, 세계를 구성하는 총체적 개념이다.

선악을 설명하는 대안적인 관점 중 하나는, 이 관점이 여전히 선과 악의 밀접한 관계에 기대고 있긴 하지만, 선을 근본적인 맨 처음 요소로 파악하고 악은 그 존재와 정의가 모두 선에 의존하는 나머지 요소로 파악하는 관점이다.

악에 대한 이런 관념은 그리스의 철학자 플로티노스(204~270)가 처음으로 제기했다. 플로티노스는 악을 결핍에 불과한 비-실체라고 보았다. 악은 곰곰이 따져보면

플로티노스는 악은 그 자체로는 존재하지 않으며 선의 부재가 곧 악이라고 말했다.

연관된 물질이나 특성이 결핍된, 그래서 그 자체로 제기될 수 없는 것이다. 또한 그는 악에서 관찰할 수 있는 결핍이 절대적이라고 보았다. 그것은 완전한 부족함, 결핍이며 이것을 통해 악의 악한 성질을 설명할 수 있다는 입장이었다. 성 아우구스티누스(354~430)는 이 논리를 따라 질병을 건강의 결핍이자 미덕이 결핍된 악덕이라는 악의 한 예시로 묘사했다.

선과 악은 우리가 어떻게 살고 싶은지, 또는 그렇게 살고 싶지 않은지에 대한 원초적이고 근본적인 관념이다. 선악에 관한 가장 중요한 철학적 질문은 그것에 대해서 알면 우리가 좋음을 추구하고 악을 피하는 데 도움이 되느냐는 물음일 것이다. 인생은 저마다 특수하며 우리의 행위가 바로 그 특수성을 만든다. 우리가 추상적이지 않은 맥락에서 선과 악을 발견할 수 있다면, 그것은 바로 우리의 구체적인 행위 속에서 발현될 것이다.

21

지식의 다양한 측면
앎의 본질

대부분의 상황에서 앎은 늘 지혜, 교육, 능력, 지성, 통찰과 같은 긍정적인 것들과 연관된다. 하지만 이런 접근은 앎이라고 불리는 무언가가 있으며 우리가 그것을 실제로 갖고 있다는 점을 당연하게 전제한다. 하지만 앎에는 더 깊고, 심지어 더 어둡다고도 말할 수 있는 측면이 존재한다. 이 챕터는 앎에 대한 지식을 다룬다.

우리가 아는 것을 탐구하고 검토하기 시작하면, 완전히 새로운 차원의 문제의식이 눈에 들어오기 시작한다. 앎이란 존재하는가? 내가 알고 있다는 사실을 어떻게 알 수 있는가? 내가 믿는 것을 나는 왜 믿는가? 나는 내가 하는 생각을 나 자신에게, 그리고 다른 사람들에게 설명하고 정당화할 수 있는가? 이 모든 것을 포함한 질문을 탐구하는 일은 고무적이면서도, 우리의 믿음을 기초부터 다시 검토하게 하고, 회의론적 입장에서 우리의 믿음을 버리도록 유혹하며, 지혜로워질 수 있으리라는 희망을 버리게 한다는 점에서 압도적이다.

앎에 대한 연구는 무엇을 다루는가?
지식에 대한 연구 또는 인식론은 철학에서 매우 크고 넓게 확장할 수 있는 부분을 차지한다. 우리가 인식의 측면에서 도달할 수 있는 최고 지점이 지식이라고 생각한다면 인식론 분야에서 얻을 수 있는 최고의 상품이 바로 지식이겠지만, 인식론은 지식보다도 한 차원 높은 것으로 여겨진다.

선험적 지식과 후험적 지식

인간의 방대한 앎을 조사해 보면, 다양한 종류의 지식에 상응하는 다양성이 존재한다. 이 챕터에서는 가장 중요한 두 가지를 다룰 것이다. 먼저 **선험적** 지식은 말 그대로 경험 '이전에' 얻을 수 있는 지식이다. 즉 2 더하기 2는 4, '독신남이란 결혼하지 않은 남성을 말한다' 등이 이런 지식에 해당한다. 독신남이 결혼하지 않은 남성이라고 말하는 것은 '독신남'의 정의에 따른 것이므로, 세상에 존재하는 모든 독신남이 결혼을 했는지 안 했는지 실제로 확인해 볼 필요가 없다. 한편 **후험적** 지식은 경험 '이후에' 얻어진 지식으로, 누군가 세계를 실제로 경험한 뒤에 얻은 지식을 말한다. 이런 지식의 예로는 '윈스턴 처칠은 제2차 세계대전이 종전할 시기 영국의 수상이었다', '파리는 프랑스의 수도다', '올빼미는 야행성 동물이다' 등이 있다. 위 내용 중 어느 것도 이성만을 사용해서 파악할 수 없다. 후험적 지식은 **선험적** 지식만으로는 파악할 수 없는 경험에 의존하는 면이 있다.

지식의 종류	경험과의 연관성	예
선험적 지식	경험과 상관없이 획득	독신남은 결혼하지 않은 남성을 가리킨다.
후험적 지식	경험의 결과로 획득	파리는 프랑스의 수도다.

표상적 지식과 절차적 지식

지식을 분석할 때 또 다른 분류 틀로, **표상적 지식**과 **절차적 지식**의 구분을 활용할 수 있다. **표상적 지식**은 명제에 대한 지식이다. 이는 사실, 표상, 개념, 정의 등 교과서와 연관된 지식을 의미한다. 이런 형태의 지식은 묘사하거나 말로 설명하기 쉽고, 폭넓게 생산되고 알려지기 쉽다. 대조적으로, **절차적 지식**은 그렇게 쉽게 형성될 수 없으며 말로 설명하는 것은 그 지식의 본질을 명확하게 담아내지 못한다. 이는 경험을 소유한 사람의 관점에서 무엇을 어떻게 하는지에 대한 앎이다.

저글링하는 법을 아는 것을 예로 들 수 있다. 저글링하는 법을 모르는 사람은 그것을 어떻게 하는지 배우기 위해 방법이 쓰인 책을 닥치는 대로 읽을 수 있다. 그러나 수많은 책에서 저글링하는 법에 대한 지식을 읽었다고 해서 그 사람이 저글링을 할 수 있는 것은 아니다. 저글링을 하려면 시간과 공을 들이고 많은 공을 떨어트려 가면서 실제로 공 세 개를 공중에 던지는 연습을 해야 한다. 사실 그렇게 해서 저글링하는 법을 마스터한다 해도, 당신은 누군가에게 당신의 말만 듣고 바로 저글링을 할 수 있을 정도로 그 방법을 설명할 수는 없다.

지식의 종류	지식의 내용	예
표상적 지식	명제, 사실, 표상, 개념	기하학적 공리
절차적 지식	체화된 경험	스키 타는 법

뉴턴의 사상과 통찰은 물리학자들이 지식을 확장하는 데 여전히 활용한다
는 점에서, 오늘날에도 살아 있다고 볼 수 있다.

분산된 지식

우리는 앎의 주체를 개인으로 생각하는 데 익숙하다. 그러나 여러
사람이 모인 집합에 적용할 수 있는 종류의 앎도 존재한다. 예를 들
면 시간이 지나면서 축적된 지식에 의지하는 과학의 발전 같은 것
이 그렇다. 때때로 이 지식은 과거의 지식을 향상시키며 현재의 지
식을 만들어 나가므로, 성숙하기까지는 시간이 걸린다. 오늘날 물리
학자들이 자신의 연구를 설명하기 위해 아이작 뉴턴의 개념을 '빌려
야 하는' 상황이 바로 그 예가 될 수 있다.

그들이 소유한 지식은 시간이 지나며 공유된다. 시간이 지남에
따라 공유되는 것에서 더 나아가, 때로는 지식이 여러 범주로 나뉘
어 다양한 사람이 각각 특정한 분야에 한정된 지식을 갖도록 분산
되는 경우도 있다. 예를 들어 스마트폰의 생산을 생각해 보자. 전자

회로를 만드는 사람들이 있고, 배터리를 설계하고 만드는 사람들이 있으며, 스마트폰 자체의 디자인을 하는 사람도 있고, 그 폰을 사용할 사람들에게 맞추어 사용자 인터페이스 디자인을 하는 사람들도 있다. 이 모든 분야는 각각 분리되어 한 분야에 있는 사람들은 다른 분야에 있는 사람들이 하는 일에 대해서 일반론적인 정도로만 이해하고 있다.

배터리 생산자가 스마트폰의 운영 체제를 만드는 컴퓨터 프로그래머의 기술적 지식을 소유할 이유는 없다. 즉 모든 분야의 생산자가 모여야 스마트폰을 어떻게 생산하는지에 대한 지식이 얻어지는 것이다.

특수한 지식과 일반적인 지식

특수한 지식에 대해 생각하다 보면 우리는 특수한 지식과 일반적인 지식 사이의 관계를 떠올리게 된다. 특수한 지식은 두 가지 이유로 중요하게 생각된다. 첫째는 그것이 자동차나 컴퓨터처럼 지식의 적용 측면에서 있어 믿기 힘들 정도로 놀라운 진보를 이루었다는 것이다. 둘째는 고등교육의 구조가 비즈니스의 영역의 전문적인 요구에 응답하는 좁은 분야의 지식을 장려하는 방식으로 발전했다는 점이다.

일반론적 지식의 역할과 그것이 사회에서 하는 역할은 간과되거나 저평가되었다고 할 수 있다. 일반적인 지식, 즉 상식은 무엇이며, 오늘날 숨 가쁘게 돌아가는 세계에서 그런 지식이 가능하긴 한가? 일반 상식은 역사, 자연, 과학까지 넓은 범위를 다루면서도 모든 분야를 똑같이 깊게 다루지는 않는, 세계가 어떻게 돌아가는지 이해하고자 하는 모든 지식을 가리킨다. 그것은 아마 다른 모든 앎이 가능한 상황에서야 얻을 수 있다는 점에서, 무엇이 가장 탐구할 가치가 있는 지식인지 알고자 하는 욕구일 것이다.

지식의 종류	앎의 주체	예시
개인	한 명의 사람	나무 의자를 꾸미는 방법
여러 사람	여러 사람이나 그룹, 시대에 걸쳐 분산되어 있음	스마트폰을 생산하는 방법

22

육체와 분리되는 영혼이 과연 있을까
불멸하는 영혼의 존재

영혼이란 어떤 면에서 우리가 볼 수도 만질 수도 느낄 수도 없는 것이다. 그것은 물리적인 세계를 완전히 초월하며, 더럽게 오염된 얼룩을 넘어선 것이다. 그렇다면 유한한 존재인 우리가 영혼을 궁금해하는 이유는 무엇일까? 이러한 영혼의 존재를 믿고 있던 사상가 대부분은 우리 인간도 근본적인 차원에서는 영혼과 같다는 주장을 지지했다.

우리는 먼저 영혼이 어떤 것인지, 그리고 인간이 영혼이라고 생각하는 것이 어떤 의미인지 살펴봐야 할 것이다. 그러나 우리가 영혼이든 영혼이라고 생각하는 것에 불과하든, 영혼의 존재 자체를 검토해야 하는 점은 분명하다. 이런 종류의 영혼에 대한 믿음이 내포하는 가정은 영혼이 우리의 정체성을 설명하며, 그렇기에 육체보다 우월하고 바람직하다는 점이다.

비물질적인 영혼

영혼의 불멸성에 대한 가장 흔한 설명은 영혼이 갖는 독특한 특징에 대한 것일 테다. 영혼의 특징은 전적으로 비물질적인 본질을 갖는다는 점이다. 영혼이 인간의 육체적인 부분과 다른 본질을 가지며 완전히 구분된다는 이러한 견해를 **심신이원론**이라고 부른다. 심신이원론에서 영혼은 그 독특한 본질로 인해 육체와 구분되며 특히 죽음이나 질병, 통증 등에 육체처럼 취약하지 않다.

영혼의 특성들

키케로(기원전 106~43)부터 르네 데카르트(1596~1650)까지, 그리고 데카르트에서 오늘날까지 이어지는 철학의 한 줄기는 영혼이 갖는 특성을 강조하는 사상이다. 다른 능력들에 덧붙여 영혼은 무엇이든 이해할 수 있으며 관련된 기억을 유지하며 새로운 것을 발견하고 창조하는 능력이 있다. 그러나 이런 특징 중 그 무엇도, 그리고 그 특징 이상의 것들도 물질적인 관점에서는 설명이 불가능하다. 원칙적으로 물질 또는 질료는 이 놀라운 특성을 설명할 수 없다. 우리 몸을 구

데카르트는 물리적인 육체와 분리된 비물질적 영혼을 주장한 이들 중에서 가장 유명한 사람일 것이다.

성하는 철이나 산소, 또는 한 단계 더 나아가 혈액이나 골격 등이 어떻게 영혼에게 그런 놀라운 능력을 줄 수 있을까? 이런 생각의 핵심에는 부정적이지만 꽤 성공적인 전략이 담겨 있다. 그 전략은 엄청난 정신적 특질을 가졌다고 이해되는 영혼이 물리적인 단어들로는 결코 설명될 수 없다는 점을 보여주는 것이다.

영혼에 대한 플라톤의 견해

영혼을 설명한 철학자 중 플라톤이 가장 명석하다. 그는 불멸성, 비물질성에 더해 심지어 신성함까지 영혼이 갖는 특성으로 설명한다. 소크라테스가 죽음이 임박한 시점의 관점에서 쓴 저서 《파이돈》에서 플라톤은 영혼의 불멸성에 대한 몇 가지 논거를 발전시킨다. 그는 불꽃을 피하는 것 같은 사람들의 무의식적인 반사작용을 설명할 때, 생각은 필요 없고 신경을 통해 흐르는 '동물적 충동animal spirit'과 가해진 압력으로 일어나는 움직임이라는 측면에서 설명했다.

물리적인 물질이 모든 것을 설명할 수는 없다	
물질로 설명할 수 없으며 비물질적 영혼으로만 설명할 수 있는 것	물질로 설명할 수 있는 것
이해	뼈
창의력	피
기억	원자

반대론자들의 논거

첫째 논변은 육체와 영혼 사이에 언급된 차이에 대해 주목한다. 육체와 영혼은 한편으로는 서로 반대되며 다른 종류에 속하지만, 다른 한편으로는 인간을 구성하는 두 요소이기도 하다. 육체와 영혼이 서로 조화를 이루며 살아가는 것이 인간이다. 인간 육체에는 두 가지 상태가 있다. 첫째는 육체와 연결된 영혼이자 삶이고 둘째는 육체와 영혼이 연결되지 않은 상태, 즉 죽음이다. 잠시 뒤에 이런 방식으로 정의된 삶과 죽음이 어째서 중요한지 더 살펴볼 것이다.

소크라테스는 먼저 등장한 것의 반대가 등장하며 이루는 이항 대립관계에도 주목했다. 즉 무언가 뜨겁다고 하면 그것이 이전에는 차가웠다는 것이고, 누군가 잠에서 깨어났다면 그 사람이 그전에는 잠들어 있었다는 말이다. 소크라테스는 이런 식의 대립관계가 모든 것에 적용될 수 있다고 보았으며, 세계가 존속하는 한 반대되는 것은 그것에 반대되는 것으로 또 이어질 것이라고 생각했다.

위의 모든 내용이 참이라면, 죽음이 삶과 대립하기 때문에 삶이 죽음의 반대항으로 나타난다고 소크라테스는 말한다. 앞서 살펴보았듯 살아 있음은 육체와 영혼의 조화이며, 죽음은 육체와 영혼의 분리다. 이 논거의 정점은 우리 모두가 언젠가는 죽어 육체와 영혼이 분리되리라는 것을 인정한다는 점이다. 그러나 언제나 반대되는 것의 반대가 나타나는 것이 아니라 반대되는 것이 또 다른 반대항으로 이어진다는 점에서, 죽음으로 인해 육체와 영혼이 분리된다 하더라도 언젠가 육체와 영혼은 다시 만나(재합일) 삶을 이룬다. 그러니 우리가 죽더라도 언젠가는 다시 살아날 수 있다는 것이다.

데카르트 : 영혼은 진정한 우리 자신이다

데카르트의 사고실험 역시 육체와 영혼을 분리하는 논거의 한 예시다. 이 사고실험은 사실 영혼은 육체와 분리해서 이해할 때 가장 잘 이해될 수 있으므로, 우리가 단순한 육체 이상이라는 점을 명확하고 이해하기 쉽게 보여주려 했다.

육체가 없다고 생각해 보자. 그렇다면 당신은 〈반지의 제왕〉에 등장하는 마법 반지를 낀 것처럼 남들 눈에 보이지 않는 수준에서 그치지 않을 것이다. 거울 앞에 서 있어도 아무것도 보이지 않을 것이다. 세수할 얼굴도, 빗질할 머리카락도, 양치질할 치아도 없을 것이다. 어떤 이들은 이러한 시나리오의 상상 가능성이 그것이 가능하다는 것을 보여준다고 생각한다. 즉 몸이 없는 자기 자신을 상상할 수 있다는 것 자체가 육체와 영혼이 별개라는 점을 보여준다. 예를 들면 우리는 치아와 소화기관 없이 뭔가 먹는 것을 상상할 수 없으므로, 먹는 행위는 육체 없이는 할 수 없는 일이다. 하지만 육체 없이 존재하는 것을 우리가 상상할 수 있으므로, 육체와 영혼 사이에는 중요한 구별지점이 있음을 알 수 있다.

위의 논지는 플라톤의 영혼 논거처럼 일반론적인 불멸성에 호소하는 동시에 육체와 영혼의 분리로 나아간다. 이런 생각의 전개에 덧붙어야 할 요소는 육체에 내재한 타락의 가능성이다. 이질적인 물질적 재료들이 합하여 이루어진 육체가 결국 언젠가는 그 요소들이 산산조각 나서 소멸할 수밖에 없다면, 우리가 상상하는 단순하고 쪼개질 수 없는 영혼은 산산이 부서질 수밖에 없는 운명으로부터 육체를 보호하며, 물질을 넘어선 차원에서의 삶을 보장한다.

몸 없이 거울 앞에 선 자기 자신의 모습을 인식할 수 있을까?

23

진실이란 무엇일까
참과 거짓

거짓말쟁이는 진실을 말하지 않는다는 문제가 있다. 이는 그가 진실을 알지 못해서 그런 것이 아니다. 어쩌면 우리는 그 거짓말쟁이가 진실을 너무 잘 알기 때문에, 꾸며낸 말로 그 진실을 숨긴다고 말할 수도 있다. 진실은 인간 세계의 일부이며 우리 삶의 모든 부분에 영향을 미치는 것 같다. 심지어 부정직함도 우리에게 영향을 미치고, 그 목적에 맞게 상황을 왜곡할 수 있다.

하지만 참되다는 것의 의미는 무엇이며, 한 차원 더 높은 질문을 던지자면, 진실이란 무엇일까? 진실은 과학이나 논리학같이 딱 떨어지는 질문의 영역에만 머물지 않는다. 진실이란 우리의 사회적 상호작용과 생각, 더 나아가 가장 깊은 차원에서 우리가 현실과 관계를 맺는 방식에 골고루 스며들어 있다.

명제와 진실
진실이 무엇인지 알려면 단순한 명제를 살펴보는 것에서부터 시작할 수 있다. 태양은 별이다. 3 더하기 3은 6이다. 우리는 이런 명제들이 거짓이라고 생각할 수 없다. 이 명제들은 참이다. 하지만 여기에는 참이거나 거짓이라는 말이 무엇을 의미하느냐는 복잡한 문제가 있다. 어떤 명제가 참 또는 거짓이란 말은 무슨 뜻일까?

이 질문은 다양한 각도에서 바라볼 수 있다. 우리는 '태양은 별이다'라는 명제가 그저 언어적인 명제인지, 아니면 실제로 현실에 비추어 세계가 어떻게 구성되어 있는지를 표상하는 말인지 생각해 볼 수 있다. 또한 그 명제가 세계에 대해 말하고 있기에 참인지, 현실의 일부로서 참인지, 의미를 소통하려고 우리가 기대는 관습에 비추어 참인지도 생각해 볼 수 있다.

진실을 살펴볼 때는 그것이 전체적으로 참 또는 거짓인지, 아니면 일부가 참이거나 거짓인지를 가장 먼저 생각해야 한다. 그렇게 해야 그 명제가 진실일지 거짓일지 면밀히 따질 수 있다. 참 또는 거짓을 판단하려면 명제에는 주장이 담겨 있어야 한다. '치즈는 역겹다'

'달에는 분화구가 많으며 그 분화구들의 이름은 라틴어다'라는 명제가 참인지 어떻게 판별할 수 있을까?

라는 문장은 개인의 의견이기 때문에 참도 거짓도 아니다. 이처럼 기도나 명령을 비롯해 명제가 아닌 다양한 문장들은 아무것도 주장하지 않으므로 참이거나 거짓일 수 없다.

진리의 대응 이론

진리에 대해 가장 잘 알려진 이론은 **'진리의 대응 이론'**으로, 매우 실용적이라는 특징이 있다. 이 이론에서는 실제 현실이 그 명제의 내용에 대응하면 그 명제는 참으로 판별된다. 이 이론은 현실에 주목하며, 그 현실에 대응하는 명제 자체에는 주목하지 않는다. 그래서 현실과 명제가 서로 대응하여 명제가 참으로 판별될 때는 명제가 현실에 대응한다는 점이 중요하다. 마치 답안지에 비추어 시험지를 채점하는 것처럼 말이다. 즉 현실 세계에 이빨 요정이 존재하지 않으므로 '이빨 요정은 존재한다'라는 명제가 거짓으로 판별되는 것이다. 이는 꽤 단순한 명제로, '이빨 요정'이라는 하나의 요소만 포함하고 있다. '달에는 분화구가 많으며 그 분화구들은 모두 라틴어 이름을 가지고 있다'라는 조금 더 복잡한 명제의 경우, 우리는 실제로 달에 분화구가 많은지, 그 분화구들이 라틴어 이름인지 따져야 한다. 만약 실제로 달에 라틴어 이름이 붙은 분화구들이 많이 존재한다면 그 명제는 참이다.

이런 예시를 통해 우리는 진리의 대응 이론에서 두 요소가 서로 필연적으로 가까운 관계를 맺고 있다는 점을 발견할 수 있다. 하나는 우리가 **명제**라고 부르는 것이고, 다른 하나는 **사실** 자체다. **사실**이란 현실이 실제로 어떻다는 설명이지만, **명제**는 실제 그 현상이 어떠한지와는 일치할 수도 있고 그렇지 않을 수도 있는, 따라서 참일 수도 있고 거짓일 수도 있는 언어적 표현이다.

　명제가 사실에 상당히 의존한다는 점이 널리 인정되면서, 어떤 철학자들은 대응 이론에서 더 나아가 **'진리의 동일성 이론'**을 고수하기도 했다. 동일성 이론은 그 이름처럼, 참인 명제는 사실과 다르지 않다고 주장한다. 동일성 이론의 틀에서 진리는 근본적인 차원에서 자연스럽게 명제에 귀속된다.

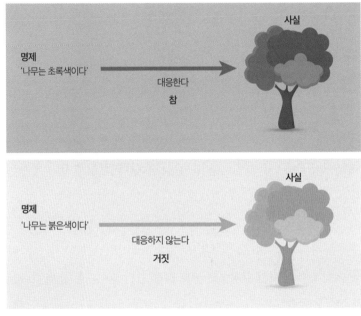

진리의 대응 이론

진리의 일관성 이론

'진리의 일관성 이론'은 참과 거짓을 설명하는 또 다른 강력한 이론이다. 이 이론에 따르면 명제는 특정한 믿음 체계 속에서 다른 믿음과 논리적으로 일관될 때 참이다. 특이한 점은 어떤 명제가 참이라고 판별하기 위해서 사실을 끌어오는 진리의 대응 이론과 달리 믿음 체계 외부의 요소가 필요하지 않다는 점이다.

일관성 이론에서는 독립적인 정당화 과정이 필요 없다. 참이라고 판별된 각각의 믿음이 서로 일관되게 어우러지는 것으로 충분하다. 이 점은 일관성 이론 내부에서는 믿음과 진실 사이에 아주 명백한 구분이 존재하지 않는다는 것을 보여준다. 실제로 일관성 이론에서 믿음은 통일성 있게 짜인 다양한 명제들로 이해되며, 이 점이 각각의 명제가 참이라고 결정한다.

사람들이 진리의 일관성 이론을 지지하는 이유는 대응 이론에서 진리를 정의하는 방식, 즉 우리가 현실에 대해 갖고 있는 믿음과 독립적으로 존재하는 현실이 대응하는지 따져보는 방식이 사실은 불가능하기 때문이다. 우리는 한 손에는 믿음을 쥐고 다른 손에는 현실을 쥔 채 둘이 같은지 다른지 따져볼 수 없다. 우리가 기대할 수 있는 최선은 둘이 서로 동의하거나 논리적으로 일관되게 이어지는 것이다.

진리 개념에 대한 최신 연구는 진리가 사실은 그것이 통용되는 경우에 따라 유동적으로 판별될 수 있다는 점을 지적한다. 일관된 믿음 체계 안에서 다른 상황들을 해석할 때 일관성 이론을 통해 진리를 판별하는 것이 최선인 상황이 있을 수 있다. 이렇게 다원론적 관점에서 진리를 바라보면 진실의 토대를 이루는 본질에 대해서도 질문할 수 있다. 진리를 판별하는 기준이 존재한다면 그것은 대체 무엇일까? 언어일까? 현실일까? 아니면 언어와 현실의 관계일까? 그것도 아니라면 진리는 이 모든 범주를 초월하는 실체일까?

믿음은 서로 일관되게 연결되고, 지지하며 강화한다.

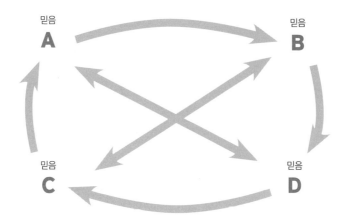

진리의 일관성 이론

24

신의 죽음을 선언하다
니체의 초인

초인은 프리드리히 니체의 저서 《차라투스트라는 이렇게 말했다》에 등장하는 개념이다. 초인이란 말이 슈퍼히어로와 비슷하게 들릴 수 있지만 니체가 제기한 이 개념은 엄청난 능력을 가진 슈퍼히어로와 아무런 관련이 없다. 니체가 '위버멘쉬Übermensch'라는 단어로 표현한 이 개념은 '초인'이라고 번역되곤 한다.

초인 개념을 뒷받침하는 이론은 특히 독일의 나치가 '지배자 민족'에 걸맞은 상징으로 이 개념을 적용하는 등 다양하게 해석될 수 있는 논쟁적인 이론으로 알려져 있다.

몰락하는 기독교를 대체할 개념의 필요성

니체는 신의 죽음을 선언한 것으로 잘 알려져 있다. 이는 하늘의 왕좌에 앉아 있던 창조주가 어느 날 갑자기 쓰러졌다는 주장이 아니다. 이는 니체가 살던 때, 기독교적 믿음이 붕괴하며 유럽 전역에 걸쳐 도덕성에 근본적인 변화가 있던 시기를 반영하는 선언이었다. 니체는 당시 유럽이 '신'이라는 관념을 한 차원 더 높은 초인이라는 개념으로 대체해야 하는 상황이라고 보았다.

《차라투스트라는 이렇게 말했다》는 이야기 형태로 전개되어 등장인물의 대사가 수수께끼처럼 느껴지는 등 매혹적이면서도 이해하기 어려운 책이다. 주인공은 차라투스트라 또는 조로아스터로, 고대 종교 조로아스터교의 창시자다. 이 책은 문학이자 철학으로서, 니체의 사상을 힘 있는 서사로 전달한다.

니체가 언급한 신의 죽음은 당시의 시대상을 관찰하여 묘사한 내용이었지만, 이 사실이 그가 기독교의 몰락에 대해 별다른 의견이 없었다는 뜻은 아니다. 실제로 그는 기독교 정신이 초인과 같이 더 높은 수준의 창조성을 방해하는 나약한 것이라고 생각했고, 이 오래된 종교가 쇠락하는 것을 보며 기쁨을 느꼈다. 니체가 보기에 기독교는 생을 긍정하는 가치를 희생시키며 약하고 불쌍한 존재들이 처한 상황을 더 악화시켰다. 니체는 특히 기독교가 우리가 살아가는 현재 세계가 아니라 사후 세계에 집중하게 하고, 순결을 미덕으로 받들며 현생의 가치를 낮게 평가한다는 점에 주목했다. 그는 성에 대한 이런 부정적인 관점이 생의 박동을 유지하는 데 필

니체는 윤리적 지침으로서 신이라는 개념을 초인이 대체해야 한다고 주장했다.

수적인 생식을 나쁜 것으로 낙인찍게 한다고 비판했다.

초인과 힘

초인은 새로운 도덕의 필요성에 대응하는 사상으로, 신이라는 오랜 믿음 체계를 능가할 능력이 있을 뿐 아니라 인류에게 아직 남은 한계를 돌파하는 사람이다. 시적으로 말하자면, 신은 소멸했기에 우리는 신의 도덕에 더 이상 복종할 필요가 없으며 현재 세계로 대표되는 자연의 가르침을 따라 살아야 한다는 이야기다. 자연은 우리에게 마땅히 누려야 할 특정한 충동과 능력을 주었다.

초인 이론에서 주로 등장하는 개념은 '힘'으로, 니체는 힘이라는 단어를 광범위하게 사용한다. 힘은 좋은 것으로, 나약함은 나쁜 것으로 정의되며 니체는 힘을 통해 느끼는 감각이 힘 그 자체만큼이나 중요하다고도 생각했다. 이렇게 힘을 향해 나아가려는 것은 **'힘에의 의지'**로 알려져 있다. 힘에의 의지는 다른 사람에게 자신의 지배력을 행사하려는 일차적인 의미를 포함하지만, 거기에서 그치지 않는다. 힘에의 의지가 갖는 주요 기능은 자기 자신이 욕망하는 대로 스스로를 드러내고 창조하고자 하는 욕구다. 힘에의 의지라는 단어만으로는 니체가 그 단어에 포함하고자 한 상세한 설명들이 잘 드러나지 않는 것 같지만, 인간이 "자신의 힘을 표출하고자 한다"라고 니체가 직접 언급한 점을 들여다보면 섬세한 의미의 지평이 열린다. 우리는 모두, 남들과 다르게 자기 자신을 가꾸고 드러내려는 욕구를 가지고 있기 때문이다.

초인과 평범한 사람의 차이점

니체는 초인의 개념을 인류가 그 자체로 가치 없다고 생각하는 자연적 질서와 결부하여 설명하기 위해 '벌레'를 은유로 든다. 니체의 주장에 따르면 사람은 유인원과 크게 다르지 않으며, 인간의 진정한 가치는 초인으로 나아가고자 할 때 드러난다. 초인은 자기 자신을 위해 나아지고자 할 뿐만 아니라 인류 전체의 나아감을 이야기한다는 점에서 독특한 위치에 서 있다. 인류 전체보다 초인 한 사람이 역사의 향방을 더 좋은 쪽으로 바꿀 수 있다. 왜냐하면 사람들은 군중 심리에 의해 움직이기 때문이다. 사람들은 대부분 세상을 더 좋은 쪽으로 변화시키려는 개인적 의지를 갖고 있지 않으며, 그저 성찰 없이 자신이 속한 사회에서 배운 관습을 따를 뿐이다.

초인은 어떤 모습일까?

초인은 자신의 비전과 가치를 통해 세계에 급진적인 영향을 미칠 수 있는 사람이다. 니체는 종종 초인의 예로 나폴레옹을 들었는데, 그는 몇 세기에 걸쳐 유럽 사회를 정치적으로, 법적으로, 윤리적으로 변화시켰던 인물이다. 어떻게 보면 니체는 나폴레옹이 만들어 낸 변화의

구체적인 내용이나 근본적인 변화를 만들기 위해 일으킨 전쟁이라는 수단보다는 나폴레옹이 인간 질서를 근본적으로 변화시켰다는 점에 집착했다. 니체는 나폴레옹이 변화시킨 세상이 어떤 모습이었는지에는 신경 쓰지 않고, 오직 나폴레옹이 새로운 세계를 창조했다는 점에만 주목했다고 할 수 있다. 니체는 초인이란 세상의 문제와 골칫거리를 극복하려는 힘에의 의지를 관철하는 사람이라고 생각했다.

초인 대 기독교

관습을 깨고 새로운 길을 닦았던 나폴레옹은 니체의 관점에서 초인의 좋은 예였다.

초인은 선구자이기에, 또 니체의 맥락에서 신은 죽었으나 기독교는 그렇지 않았으므로 기독교가 숭배하는 도덕성과 관습에 반드시 저항해야 한다. 즉 초인이 지향하는 새로운 세계는 이전의 세계가 무너진 폐허 위에 지어야 한다. 결론적으로 초인은 기존의 가치 체계를 극복하고 현재 인류가 따르는 '중간 다리'를 건너 새로운 세계에 이르러야 한다. 구시대의 질서가 붕괴했을 때 인간은 어디로 나아갈지 알 수 없으며, 오직 초인만이 새로운 방향을 제시할 수 있다.

알아두면 쓸모 있는 철학 상식 사전

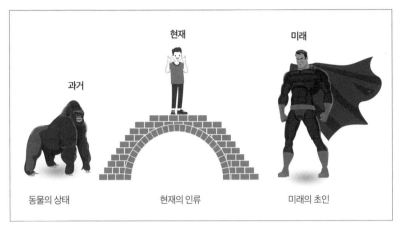

과거
동물의 상태

현재
현재의 인류

미래
미래의 초인

인류는 초인으로 나아가는 '중간 다리'다.

25

더 좋은 삶이란 어떤 것인가
키르케고르의 삶의 방식 3단계

쇠렌 키르케고르(1813~1855)는 짧지만 강렬한 삶을 살았다. 그의 이름은 많은 사람에게 익숙하지만, 그의 철학은 어렴풋이 실존주의와 연관되었다는 점 외에는 잘 알려져 있지 않다. 가장 중요한 이유는 그의 철학이 대중적이지 않은 덴마크어로 쓰였다는 점이다. 그럼에도 그는 지난 100년 동안 가장 뛰어난 철학자 중 한 명으로 꼽히며 세계적인 명성을 얻었다.

세 가지 단계

키르케고르는 무엇보다도 매일매일 이어지는 일상적인 삶의 어려움에 주목한, 실용적인 철학자였다. 이 챕터에서 우리는 그가 주장한 미학적이고 윤리적이고 종교적인 삶의 방식 3단계를 탐구할 것이다. 이런 삶들의 특정한 의미를 살펴보기 전에 각각의 삶이 서로 어떤 관계를 맺는지 먼저 살펴보는 것이 좋다.

이 세 단계는 서로 연결되어 있다. 예를 들면, 어떤 부분은 미학적이고 어떤 부분은 종교적인 삶을 살 수 있다. 가장 이상적인 삶은 궁극적으로 종교적인 삶으로 나아가는 것이다. 그러나 이렇게 궁극적으로 이상적인 삶은 도달하기 어려워서, 사람들은 미학적이거나 윤

알아두면 쓸모 있는 철학 상식 사전

키르케고르는 작가, 신학자이자 철학자로서 큰 영향력을 가졌던 인물이다.

리적인 삶을 사는 데 그친다.

사람은 단순히 나이를 먹는 것이 아니라 자기 자신을 돌아보고 성찰할 때 더 좋은 삶으로 나아갈 수 있다. 이런 진보는 그냥 얻어지지 않으며, 영적인 변화를 통해서만 도달할 수 있다. 그러므로 미학적인 삶과 윤리적인 삶은 종교적인 삶만큼 큰 의미를 주거나 풍성하지 못하다.

미학적인 삶

미학적인 삶은 감각적인 삶이다. 이 삶이 보여주는 특징은 즉각성이다. 이런 삶을 살아가는 사람들은 향상을 목표로 자신의 삶을 바꾸어나가거나 분석하는 데 실패한다. 아름다움을 추구하는 사람들은 오직 현재만을 살아가며 미래를 고려하지 않으므로, 이는 놀라운 일이 아니다. 키르케고르는 사람들 대부분이 이렇게 살아간다고 생각했다. 그 역시 한때는 좋은 음식을 먹고 더 많은 즐거움을 위해 여가를 함께 보낼 코치를 고용하는 삶을 살았다. 미학적인 삶을 결정짓는 즉각성과 영구적이지 않은 특성은 쾌락을 통해 드러난다. 이는 미학적인 삶을 추구하는 사람이 얄팍한 삶을 살게 할 뿐 아니라, 더 근본적인 차원에서 인생을 진실하고 일관되게 살아가는 것을 방해한다.

미학적인 삶을 추구하는 사람들은 고상한 쪽과 그렇지 않은 쪽으로 나눌 수 있다. 고상하지 않은 쪽은 당연하게도, 즉각적인 즐거움이라면 무엇이든 탐닉한다. 고상한 쪽은 철학이나 문학, 예술과 같은 더 높은 단계의 즐거움을 추구한다. 그렇지만 근본적인 차원에서는 고상한 미학 애호가의 삶도 더 높은 차원의 통합이 이루어지지 않은 제멋대로의 삶이다. 다양한 미학 애호가들이 하나로 묶일 수 있는 이유는 그들에게 인생이란 이미 벌어진 일이라는 관점이다. 그들은 덧없는 순간의 쾌락에 몰두하기에 인생을 행운과 불운의 연속으로 경험하며, 책임과 행위성을 의식하지 않는다.

미학 애호가들이 진정한 자기 자신을 발견하지 못하는 핵심적인 이유는 그들의 관심사와 에너지가 피상적이어서 스스로 만족하지 못하기 때문이다. 그들은 자신을 속이기 위해 **교대 전략**을 취하는데, 이 쾌락에서 조금 더 특별하고 고급인 것 같은 다른 쾌락으로 옮겨 다니며 인생을 살아가는 낡은 방식을 고수하면서도 색다른 쾌락을 경험하며 더 큰 만족을 느끼려는 방법이다. 요리 교실에 참석해 보지만 다시는 직접 요리하지 않고, 책을 읽지만 마지막 결론 부분만 읽고 덮으며, 사랑에 빠져도 곧 그 연인에게 질려버리는 것이다.

인생을 살아가는 3단계				
	방향	목표	행위성	난점
미학적인 삶	외부를 향함	즉각성과 쾌락	수동적	깊이가 얕다 만족이 없다
윤리적인 삶	내면을 향함	질서와 윤리, 책임	능동적	따라야 할 것들이 너무 많다
종교적인 삶	내면을 향함	신과 영원성	능동적	없음

윤리적인 삶

미학적인 삶의 얄팍함을 경험하고 그 삶에서 빠져나온 사람만이 윤리적인 삶을 살아갈 준비가 되었다고 볼 수 있다. 윤리적인 삶은 미학적인 삶과 표면적으로 대조를 이룬다. 미학적인 삶이 외부 세계로 가득 차 있다면, 윤리적인 삶은 자신의 내면에 집중한다. 윤리적인 삶은 미학적인 삶에서 찾을 수 없는 질서를 알게 해준다. 키르케고르는 참회하게 한다는 점에서 미학적인 삶에서 윤리적인 삶으로의 전환에는 종교적인 측면이 있다고 보았다. 윤리적인 인간은 외부 세계가 아니라 자기 자신을 추구하기에, 세속의 관점에서 실패하는 것에는 개의치 않는다. 대신 그의 삶은 자기 앞에 놓인 과제에 부여하는 정직한 노력과 헌신으로 판단된다. 종합하면, 윤리적인 삶은 자기 능력을 계발하고 결혼이나 가정 등에 책임을 다하기 위해 헌신하는 삶이다.

윤리적인 삶의 어려운 점은 그 기준이 너무 높다는 점이다. 윤리적인 삶을 추구하는 사람이라면 누구든 그 삶이 요구하는 지점들을 지키기 쉽지 않다고 느낄 것이다. 키르케고르가 보기에 전적으로 종교적인 삶을 추구하는 사람은 보편적인 가치를 지향하느라 자기 자신의 고유성에 대한 감각을 잃을 수 있어서 더욱 힘들다. 자신이 갈망하는 삶과 실제로 살아가는 삶이 맞아떨어지지 않으므로 윤리적인 인간은 절망한다. 그 절망이 올바른 방향으로 나아간다면 종교적인 삶 단계에 들어서게 된다.

종교적인 삶

종교적인 삶이 추구하는 삶의 목적은 개인의 의지와 신의 의지가 깊은 관계를 맺는 것이다. 키르케고르는 이러한 삶의 원형을 《성경》의 아브라함에서 찾을 수 있다고 보았다.

도덕성과 이성에 집중하는 윤리적인 삶은 신의 뜻에 개인의 의지를 맡기는 종교적인 삶으로 나아간다. 종교적인 사람은 자신의 지향이 신의 뜻에 따라야 한다는 점을 받아들이는데, 이는 자신의 삶이 영원한 질서를 따르도록 의식적인 결정을 내려야 한다는 의미다.

이는 특히 신에 의해 인간이 예수 그리스도가 된 것과 같은 관계를 추구해야 한다는 것을 뜻한다. 평범한 사람은 신이 인간의 모습으로 세상에 내려왔다는 모순을 완전히 이해할 수 없기에, '믿음의 도약'이 필요하다. 결론적으로, 종교적인 인간은 미학적이거나 윤리적인 삶을 사는 차원에서 그치지 않고 영원한 가치를 추구하는 방향으로 나아간다. 결국에는 모든 것이 영원성을 따를 수밖에 없다.

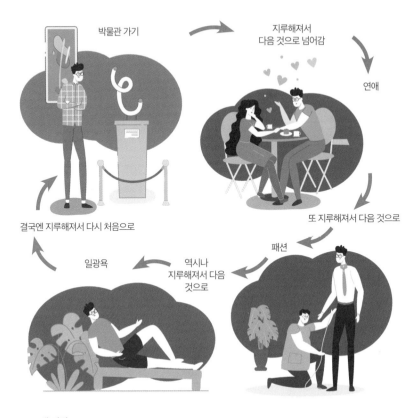

박물관 가기

지루해서
다음 것으로 넘어감

연애

결국엔 지루해져서 다시 처음으로

또 지루해져서 다음 것으로

패션

역시나
지루해져서 다음
것으로

일광욕

교대 전략

26

최대 다수의 최대 이익
공리를 위해 행동하기

우리는 모두 때때로 공리를 위해 행동할 때가 있다. 이 말은 우리가 가치 있다고 믿는 특정한 지점을 최대화하기 위해 노력한다는 의미다. 우리는 소비를 신중하게 결정하는 식으로 돈의 가치를 최대화할 수 있고, 가능하면 실용적인 활동을 많이 하는 방식으로 시간표를 짜서 시간의 가치를 최대화할 수도 있다.

모두가 같은 목표를 갖는 방식, 즉 공리를 최대화하는 것을 윤리학으로 삼아 행동한다면 온전한 삶을 살 수 있을까? 좋은 것을 최대화하자는 공리주의 철학이 이런 생각에 정확히 맞아떨어지는 사조다. 공리주의는 최근 들어 적절하게 설명되고 있지만, 20세기에는 에피쿠로스 철학과 같은 고대 철학에 뿌리를 두고 있다고 받아들여진 철학이었다. 고대 그리스의 에피쿠로스주의자들이 좋음을 최대화하기 위해서 노력한 것은 사실이지만, 그들에게 좋음이란 단순한 쾌락의 차원은 아니었다.

　여기에서 살펴볼 근대의 공리주의는 물론 좋음을 쾌락과 함께 묶는 면도 있지만, 좋다는 것의 의미를 개인적 차원 이상으로 확대하기도 한다. 공리주의는 한 개인에게 좋은 요소를 최대화하자는 것보다 더 큰 이야기다. 공리주의의 목표는 모든 사람의 좋음, 즉 공리를 최대화하는 것이다.

공리주의의 실용적 측면

공리주의 윤리학의 실용적인 측면은 우리의 행동에 직접적인 지침을 준다는 점에서 드러난다. 다른 윤리학 이론들은 지나치게 추상적이고 일반론이라 실제 상황에 어떻게 적용해야 할지 알 수 없다는 비판을 받곤 하지만, 공리주의 윤리학은 최소한 구체적인 상황에서 다양한 가능성을 고려하며 최선의 공리를 도출하여 구체적인 답안을 준다는 장점이 있다.

공리주의 관점에서 옳은 행동이란 무엇일까? 어떻게 행동할지에 대한 다양한 가능성을 평가하기 위해 어떤 기준을 활용할까? 이 질문에 대답하려면 우리는 먼저 공리주의가 이론으로서 사실과 조건을 어떻게 고려하는지 살펴보아야 한다. 이 사실들과 조건들이 옳은 방식으로 고려되어야 결론으로 도출된 행위도 옳다고 할 수 있다.

정당한 행위를 판단하는 기준이 아닌 것	정당한 행위를 판단하는 기준
규칙	
법률	인간의 즐거움이나 행복이라고
의무	이해할 수 있는 공리의 최대화
미덕	

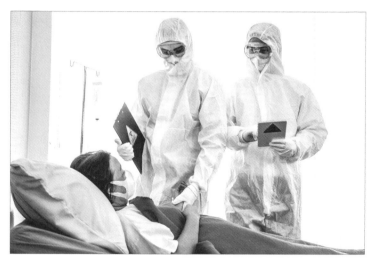

전염성이 강한 질병에 감염된 환자들은 설사 그들의 상태가 악화할 수 있다 해도 전체 사회의 건강이라는 공리를 최대화하기 위해 격리 병동에 머물러야 한다.

앞에서 언급했듯, 공리주의는 각각의 인간을 동등하게 고려하는 평등주의 철학의 일종이다. 이때 행위의 적절성은 결과를 폭넓게 고려하는 방식으로 확장될 수도 있다. 예를 들면, 병원에서 심각한 전염병을 앓는 위독한 환자를 치료한다고 하자. 우리는 이 행위의 결과가 환자 당사자에게 미치는 영향뿐만 아니라 병원에 입원한 다른 환자들과 의료진, 그리고 병원이 포함된 더 넓은 의미의 공동체에 미칠 효과까지 함께 고려해야 한다. 즉 행위가 미칠 수 있는 영향을 고려할 때는 가장 확장된 범위의 결과까지 계산에 넣어야 한다.

무엇을 최대화할 것인가?

앞서 살펴본 것처럼 넓은 관점에서 공리주의를 다룰 때는 우리가 무엇을 해야 하는지 명확하지 않다. 왜냐하면 세계의 어떤 점을 최대화할 것인지에 대한 답변이 비어 있기 때문이다. 다양한 공리주의학파들은 어떤 것이 좋은 공리인지, 무엇을 추구해야 하는지에 대해 다양한 관점을 발전시켰다. 그중 일부는 '잘 사는 것'으로 정의될 수 있는, 모든 것을 고려한 좋음의 총합을 늘려야 한다는 관점이다.

잘 산다는 것 자체는 여러 방식으로 정의될 수 있다. 먼저 쾌락을 최대화하거나 고통을 최소화하는 방식으로 주관적으로 정의되는 부분이 있다. 잘 사는 것이 좋음이라는 생각을 더욱 발전시키면 우리는 모든 사람의 쾌락의 총합, 그리고 고통, 고난, 상실과 같은 쾌락이 아닌 것들의 총합과 쾌락에 영향을 주는 다른 모든 요소를 계산하자는 결론에 이르게 된다.

앞서 언급한 전염병 환자의 경우로 돌아가 보자. 우리는 입원한 환자가 느낄 쾌락과 쾌락이 아닌 것을 산출하고, 이 과정을 그 환자

공리주의의 아버지로 불리는 벤담

에 의해 전염될 가능성이 있는 다른 사람들에게도 확장해서 적용해야 한다. 또한 그 환자를 입원시키지 않는 경우에 대해서도 같은 과정을 거쳐야 한다. 쾌락과 쾌락 아닌 것의 측면에서 이 환자를 입원시키는 '비용'은 무엇이 될까? 쾌락의 총합에서 쾌락이 아닌 것을 제하는 것은 다른 모든 선택지를 상쇄하며, 우리는 그 결과를 선택하고 그에 따라 행동해야 한다. 이 쾌락 계산에 맞추어 행동하는 것이 옳은 일이며, 다른 방식으로 판단하고 행동하는 것은 부정확하고 도덕적으로 옳지 않다.

공리 추구는 결정을 내리기 어렵게 하는가?

공리에 따라 행동하는 것은 도덕적 의무나 원칙에 따라 행동하는 윤리학과 충돌할 수 있다. 왜냐하면 공리주의는 옳은 행동이 무엇인지 끊임없이 계산하기 때문이다. 공리주의적 행위는 그러한 특성으로 인해 결정에 시간이 걸린다는 특성이 있다. 따라서 공리주의의 아버지인 제러미 벤담(1748~1832)은 결정에 영향을 미치는 모든 정보를 모으는 것이 마땅치 않은 상황에서는 효율성을 추구해야 한다고 보았다. 그런 조건에서는 이미 알고 있는 정보를 기반으로 공리주의적 판단을 내리면 된다.

고전 공리주의와 규칙 공리주의

공리주의의 원칙에는 몇 가지 중요한 변주가 있다. 우리는 앞서 개별 행위를 결정하는 지침을 제공하는 고전 공리주의 또는 행위 공리주의를 살펴보았다. 이와 대조적으로 규칙 공리주의는 개별 행위를 따지는 수준으로 내려가지 않고, 어떤 행위가 일반적인 상황에서 공리를 최대화하기 위해 만들어진 원칙에 부합할 때 옳은 행위라고 판단한다. 따라서 규칙 공리주의는 원칙적으로 일반적으로 적용하기 위해 만든 원칙이 개별 상황에서는 공리를 감소시킬 수 있지만, 장기적인 관점에서 더 많은 상황을 살펴본다면 공리를 증진시킬 수도 있다고 본다.

공리주의는 종종 계산적이고 냉정하며 동정심 없는 인간 행위의 심판자라고 불리기도 하지만, 철학 사상으로 공리주의를 따르는 사람들은 공리주의가 행복을 최대화하는 사상이라고 말한다. 결과적으로 그들이 말하는 행복은 미래에 얻을 수 있는 것이며, 공리는 우리가 그 지점에 더 빨리 도달할 수 있게 해준다.

공리주의의 두 종류	
고전 공리주의	규칙 공리주의
공리를 극대화하려면 이런 특정한 행위를 하라.	일반적인 규칙에 따라 특정한 행위를 하라. 그러면 공리가 극대화될 것이다.

27

어떤 경우에도 해야 할 일을 하라
의무에 따라 행동하기

당신이 노크 소리를 듣고 문을 열자, 문밖에는 비밀경찰이 서 있었다. 비밀경찰은 당신이 결백하고 좋은 사람이라고 알고 있는 정치범들이 지금 어디 있는지 알고 싶어 한다. 사실 그들은 지금 당신의 집 주방에서 식사하고 있다. 당신은 경찰에게 모른다고 대답하면 경찰은 곧 갈 것이다. 반대로 당신은 그들이 어디 있는지 안다고 경찰에게 말하고, 지금 당신의 거실에 있다고 짚어줄 수도 있다.

칸트와 의무의 절대적인 특성

위에서 언급한 이야기는 이마누엘 칸트(1724~1804)의 관점과 그가 주장한 **의무론적 윤리학**의 절대적인 특성을 놀랍도록 정확하게 보여준다. 의무론적 윤리학은 우리가 어떤 행동을 해야 하는지를 의무(그리스어로 **데온**deon)에 따라 결정하는 윤리학 이론이다. 칸트는 위의 이야기에서 도망자를 신고하는 것이 옳다고 생각했다. 왜냐하면 그가 의무론에서 강조하는 의무 중 하나는 거짓말을 하지 않는 것이기 때문이다. 이 의무는 모든 상황과 경우에 확장해 적용된다. 이 정치범들이 경찰에게 끌려갔을 때 예상되는 불길한 운명은 신성한 의무를 지켜야 하는 중요성과 비교하면 그리 중요하지 않다.

이렇게 보면 의무론적 윤리학은 결과를 중시하는 윤리학이 아니라는 점이 분명하다. 의무론적 윤리학은 비용이나 효용, 좋고 나쁨, 주어진 상황의 결과를 계산한 뒤 무엇이 윤리적인지 점수를 매긴 뒤 행동하지 않는다. 의무론은 도덕적 행위의 주체가 세계와 맺고 있는 관계를 매우 중요하게 여긴다.

인간성과 의무론

칸트 윤리학의 핵심에는 인간성이라는 개념이 있다. 인간이라는 종 외부에서는 발견되지 않는 인간성은 곧 이성을 활용하는 능력을 의미하며, 인간은 인간으로 태어났기에 그 능력을 부여받았다. 인간에 대한 이런 생각은 우리가 어떤 상황에서도 인간을 인간 아닌 것으로 대우하지 않게 한다는 점에서 신성불가침의 영역이다. 이는 우리가 다른 사람을 수단이 아닌 목적으로, 스스로 생각할 능력이 있는 주체로 보아야 한다는 의미다. 인간 주체의 이런 특성은 우리가 쾌락이나 행복, 결과를 따지는 것과 상관없이 총체적인 의미에서 법칙을 따른다는 점으로도 볼 수 있다.

　물론 의무를 중시하는 것에는 일장일단이 있다. 비밀경찰의 예처럼 의무론은 한편으로는 완전한 복종을 요구하므로 너무 엄격하거나 한 치의 양보도 하지 않으며, 일상적으로 발생하는 도덕적 상황의 복잡성에 대응하기에도 융통성이 떨어진다. 다른 한편으로 의무론은 도덕적 의무에 복종하는 것이 너무 어렵다 하더라도 다양한 상황에서 어떻게 행동해야 하는지 명확하고 일관성 있는 지침을 주기도 한다.

정언 명령

칸트의 정언 명령은 그가 주장한 의무론을 총체적으로 이해하려면 꼭 알아야 하는 개념이다. 정언 명령은 인간성이라는 미덕만을 따르는 금언이자 법칙이다. 칸트 철학에서, 또 일반적인 의무론 철학에서 우리가 따라야 하는 특정한 형태의 의무는 취사선택할 수 없는 것이라는 점을 보여준다. 의무론은 자신만의 도덕 법칙을 직접 만들어 보라는 이론이 아니라, 인간이라면 어떻게 살아야 하는지에 대한 윤리적 질서에 따라 행동해야 한다는 이론이다. 의무론은 모든 인간에게 적용될 수 있다는 보편성과 모든 인간에게는 이성적 능력이 있으므로 도덕 법칙을 이해하고 따를 수 있다는 논리적 귀결, 즉 합리성을 갖

칸트는 엄격하고 일관된 도덕성과 철학 체계를 펼친 것으로 알려져 있다.

추고 있다.

칸트는 정언 명령의 다양한 내용 중에서도 우리는 보편 법칙으로 일반화될 수 있는 도덕적 행위만을 해야 한다고 믿었다. 이때 보편성에서 중요한 부분은 그것이 모든 인간에게 적용될 뿐만 아니라 모든 이성적 주체가 할 수 있는 실천이라는 점이다. 예를 들어 당신은 '필요하다면 거짓말을 하라'는 것을 보편적인 도덕 법칙으로 받아들이고 싶지 않을 것이다. 그래서 **비밀경찰**이 결백한 사람을 뒤쫓는 상황에서도, 거짓말을 하는 선택지가 아무리 달콤하게 유혹하는 상황에서도 거짓말을 해서는 안 된다.

행위자 중심 의무론과 피해자 중심 의무론

의무론의 부족한 점을 보충하는 두 가지 종류의 의무론이 있다. 첫째는 **행위자 중심 의무론**이고 둘째는 **피해자 중심 의무론**이다. 행위자 중심 의무론은 행위자에게 특정한 의무를 지우는, 적극적인 의무론이다. 피해자 중심 의무론은 의무를 적절히 지키지 않았을 때 역으로 영향을 받을 수 있는 사람들에게 초점을 맞춘다. 이는 다른 사람들의 권리에 기초하여, 해서는 안 될 일을 강조한다는 점에서 소극적인 의무론이다. 정언 명령의 또 다른 정리는 인간

경찰이 당신에게 사실은 결백한 범죄자의 행방을 묻고 당신은 그것을 알고 있다면, 대답할 것인가?

정언 명령어
모든 사람을 사물이 아닌 이성적 주체로 대한다.
보편적인 법이 되기를 바라는 방식으로만 행동하라.

행위성과 합리성에 주안점을 둔다.

이런 점에서 우리는 사람을 단순한 목적이 아니라 그 자체로 목적으로서 대해야 한다. 이는 다른 사람들 역시 합리적인 도덕적 주체라는 것을 인정하는 것이기도 하다.

완전한 의무와 불완전한 의무

칸트는 의무론을 자신에 대한 완전한 의무, 자신에 대한 불완전한 의무, 타인에 대한 완전한 의무, 타인에 대한 불완전한 의무라는 네 가지 영역으로 나눴다. 완전한 의무의 두드러지는 특징은 그것이 언제나 적용된다는 것이다. 사람은 언제나 완전한 의무에 입각해 행동해야 한다. 불완전한 의무는 어느 정도의 자유를 허용한다. 그 말은 불완전한 의무도 언제나 따라야 하는 것이긴 하지만, 이를 이행하려는 사람의 재량에 따라 다른 시간대에 다른 방식으로 이행할 수도 있다는 의미다.

칸트는 예를 들어 네 가지 영역을 설명한다. 자살하지 않는 것은 자신에 대한 완전한 의무다. 지키지 못할 약속을 하지 않는 것은 타인에 대한 완전한 의무다. 자신의 재능을 계발하는 것은 자신에 대한 불완전한 의무고, 타인의 행복에 기여하는 것은 타인에 대한 불완전한 의무다.

앞의 두 가지 불완전한 의무는 개인이 무엇을 어떻게 추구하는 지에 따라 그 양상이 달라질 수 있다. 그러니 남을 돕고자 한다면 시간과 장소, 빈도와 그 양은 개인에게 달려 있으므로 무료 급식소에서 봉사하는 등 다양한 활동을 할 수 있다. 타인이 행복한 삶을 살 수 있게 돕기를 선택하는 것은 도덕적 요구지만, 그것을 행하는 방식은 우리 각자의 삶과 목표에 달려 있다.

칸트는 우리가 사는 도덕적 세계가 우리와 다른 사람들이 맺는 관계, 즉 합리적 주체들이 윤리적 의무와 목표를 공유하는 네트워크에 상당 부분 의존하고 있다고 본다.

의무의 네 가지 영역	
자신에 대한 완전한 의무 예 : 자살하지 않을 것	타인에 대한 완전한 의무 예 : 지키지 못할 약속은 하지 않을 것
자신에 대한 불완전한 의무 예 : 타고난 재능을 계발할 것	타인에 대한 불완전한 의무 예 : 타인의 행복을 증진시킬 것

28

중도를 지키는 미덕의 실천

덕에 따라 행동하기

당신은 덕스러우면서도 행복하고 싶은가? 특정한 종류의 사람으로 인격을 형성하고 싶은가? 덕 윤리학은 윤리적 주체로서 개인의 성장을 중시하는 윤리학 이론이다. 이러한 이유로 덕 윤리는 행위 중심 윤리학보다는 행위자 중심 윤리학이라고 언급된다.

그렇다고 해서 덕 윤리가 행위와 상관이 없다는 말은 아니다. 모든 윤리학은 그에 따른 행위를 말해주기 때문이다. 행위가 아닌 행위자에 초점을 맞춘다는 말은 특정 행위를 행하는 사람의 인격에 관심을 둔다는 의미다.

아리스토텔레스와 행복

덕 윤리는 아리스토텔레스와 함께 시작했고, 오늘날에는 아리스토텔레스의 사상을 현대적으로 변형한 신아리스토텔레스주의를 따르는 사람들에 의해 이어지고 있다. 아리스토텔레스의 덕 윤리를 이해하려면 그가 삶의 목적을 무엇으로 파악했는지부터 살펴봐야 한다. 물론 자세하게 다루지는 않았지만, 아리스토텔레스는 사람이 살면서 추구하는 목적은 행복이라고 보았다. 덕 윤리 또한 이에 따라 행복을 추구하는 사상이다. 오늘날 행복은 일시적인 즐거움 정도로 의미가 축소되었지만 고대 그리스에서는 더 풍부한 의미를 담은 개념이었다. 아리스토텔레스에게 행복은 경험하는 것이라기보다는 지혜롭고 미덕을 품은 행위를 행하면서 전 생애에 걸쳐 성취하는 것이었다.

미덕과 행복의 결합

덕 윤리가 주목하는 것이 우리가 어떤 사람이 되어야 하는지라면, 우리는 어떻게 그런 사람이 될 수 있을까? 당연히, 덕 윤리는 덕에 초점을 맞춘다. 덕은 덕을 갖춘 사람에게서 찾을 수 있는 특징이다. 물론 덕을 갖춘 사람이 잘못된 행동을 하지 않는다는 이야기는 아니다. 덕을 갖춘 사람이라도 주어진 상황에서 옳지 않은 행동을 할 수 있지만, 적어도 사악한 행동은 하지 않는다. 사악한 행동은 덕스럽지 않은 행동이기 때문이다. 덕스럽게 행동한다는 것은 덕을 갖춘 사람에게서 찾을 수 있는 삶의 유형이다.

미덕의 두 가지 종류

미덕에는 두 가지가 있다. 지적인 덕과 윤리적, 또는 도덕적인 덕이다. 더 넓게 보면 지적인 덕은 이론적 추론과 행위를 연관 짓는 생각이라는 두 갈래로 다시 나뉜다. 윤리적 덕의 경우는 용기, 절제, 관용, 탁월함, 명예, 평정, 진실함, 우정이나 정의처럼 당신이 이미 지닌 것들과 매우 유사하다. 아리스토텔레스는 오늘날에는 좋다고 생각하지만 미덕으로는 꼽지 않을 재치 등도 미덕에 포함했지만, 반대로 오늘날 미덕으로 일컫는 자각이나 용서, 또는 자선이나 희망 같은 전통적인 종교적 가치들은 미덕에 포함하지 않았다.

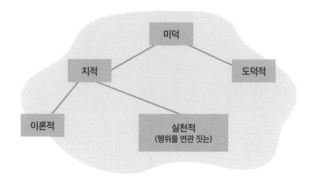

중용

아리스토텔레스가 '중용'이라고 부른, 두 극단 사이에서 중도를 찾는
행위는 덕스럽다고 볼 수 있다. 중용을 가장 명확하게 보여주는 예시
는 용기다. 용기는 지나친 과감함을 뜻하는 용렬함과 지나친 주저함
을 의미하는 비겁함 사이에서 중용을 찾은 결과다. 인색함과 과한 지

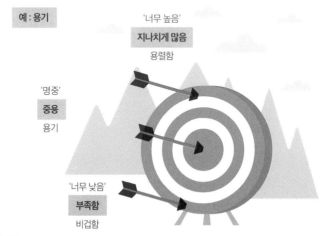

출 사이에 놓인 관용도 또 다른 예시가 될 수 있다. 지나치게 많이 소비하면 낭비가 되고, 지나칠 정도로 아끼면 인색함이 된다. 어느 쪽이든 양극단은 미덕이 될 수 없으며 미덕의 '과녁을 맞추지 못했다'고 표현된다.

인격적 상태로서 덕

덕이 양극단 사이에서 과녁을 맞추는 일인 것처럼, 또 어떤 미덕에도 적용할 수 있다는 점에서, 아리스토텔레스는 덕을 갖춘다는 것은 상태로서 갖는 것을 의미한다고 생각했다. 미덕이 상태라는 사실은 덕 윤리가 개별 행위보다는 행위자 개인의 인격에 초점을 맞춘다는 점을 다시 상기하게 한다. 이 말은 아리스토텔레스의 관점에서는 당신이 용기 있는 행위를 한 번 했다고 해서 용기 있는 사람은 아니라는 이야기다. 용기를 미덕으로 갖춘 사람이 되려면 용기 있는 성격을 가져야 한다. 그럴 때만 용기라는 상태가 인격의 일부가 될 수 있다.

다만 미덕과 행위 사이의 관계를 더 잘 이해하고 싶다면 우리는 그 두 가지가 어떻게 긴밀하게 연결되어 있는지 살펴야 한다. 한 번의 행위가 덕스러운 사람을 만들지 않는다. 시간이

아리스토텔레스는 덕을 행복과 연관시켰고, 덕에는 지적이고 윤리적인 요소가 있다고 보았다.

지남에 따라 천천히 꾸준하게 덕스러운 행위를 축적해야 덕스러운 인격이 형성된다. 어떤 사람이 이런 과정을 거쳐 덕스러운 인격을 확립하면, 그때 그 사람을 덕을 갖춘 사람이라고 말할 수 있다. 이때 미덕은 그 사람의 두 번째 본성이 되었다고 할 수 있고, 그렇기에 그가 하는 행위는 덕스러운 행위일 수밖에 없으며, 따라서 덕을 갖춘 사람이 덕스러운 행위를 할 수 있는 것이다.

실천적 지혜

지금껏 다룬, 혹은 다루지 않은 양극단 사이의 미덕이라는 문제는 덕을 갖추기 위한 수단을 달성할 수 있느냐는 물음을 제기한다. 이 물음에 대한 아리스토텔레스의 대답은 '실천적 지혜'라고 번역되는 **프로네시스**phronesis 개념이다.

실천적 지혜는 쉽고 빠르게 얻을 수 없다. 오히려 나이가 들어야 하는 등 시간이 필요하다. 즉 실천적 지혜를 획득하는 것은 삶을 살아가며 성장하는 과정의 일부다. 하지만 그 지혜를 얻기 전에도 사람들은 인생을 살아간다. 즉 교육을 받는 젊은 시기는 미덕을 갖추기 위한 과정이 시작되는 시기다. 미덕이 한 사람의 내면에 성품으로 깃들고 그것이 실천적 지혜와 결합할 때 덕을 갖춘 사람이라고 부를 수 있을 것이다. 실천적 이성의 개념에서 보면 이 능력이 결여된 사람은 개별 상황에서 덕스럽게 행동할 기회를 놓치게 되고, 더 넓게 보면 덕스러운 인격의 표출로서 미덕을 실천할 능력이 없는 사람이라고 할 수 있다.

요컨대 아리스토텔레스가 주장한 덕 윤리는 인간 행위의 궁극적인 목적이 행복이라는 입장을 지킨다. 덕을 성취하는 방법은 생애에 걸쳐 덕스러운 성품을 갖추는 삶을 살아가는 것이며, 이때 미덕은 지나침과 부족함 사이에서 지적으로, 또 도덕적으로 중도를 찾는 것을 의미한다.

29

아름다움, 자연과 예술 사이
예술적 판단과
미적 가치

사람마다 각기 다르게 예술 작품을 감상하고, 그 가치 역시 다르게 매긴다. 그런데 이렇게 다양한 취향은 심각한 의견 대립의 원인이 될 수 있다. "아름다움은 보는 사람의 눈에 달려 있을 뿐이다"라는 말로 치부되어, 사람들의 다양한 취향이 정당하게 여겨지지 않는 방향으로 나아갈 수 있다.

누군가 셰익스피어를 좋아한다고 말할 때 다른 누군가는 그의 희곡을 읽는 것이 학교생활에서 가장 지루했다고 말할 수 있다. 어느 친구가 새로 나온 슈퍼히어로 영화가 정말 좋다고 말할 때, 당신은 그런 시시한 영화 이야기를 하지 않을 수만 있다면 뭐든 하겠다고 생각할 수도 있다. 이런 예시는 한도 끝도 없이 들 수 있다. 핵심은 드러내 놓고 말하지 않더라도 우리는 어떤 예술이 좋고 아름다운지 이해하고 설명할 수 있는 기준이나 원리, 또는 설명 틀이 있다고 생각한다는 것이다. 하지만 예술이 무엇이고 좋은 예술이란 또 무엇이며, 아름답고 좋고 진실한 예술이란 무엇인지 어떻게 이성을 통해 추론할 수 있다는 것인가?

예술에 접근하려면 우리는 미학을 알아야 한다. 미학은 예술을 다루는 철학 분과로, 특히 예술에서의 아름다움을 논하는 분야다. 미학Aesthetics이라는 단어는 고대 그리스어로 감각을 뜻하는 에이스테시스 aeisthesis에서 왔고, 이는 우리가 예술을 감상할 때 어떤 것을 보고 듣는지를 다루는 가장 중요한 역할을

셰익스피어의 작품은 아름다운가, 그렇지 않은가?

가리킨다. 미학에서 아름다움이 갖는 중요성과 아름다움은 예술만의 영역이 아닌, 때때로 자연이나 예술 밖의 다른 영역에도 주목할 것을 요구한다.

칸트, 아름다움은 이성적이지 않다

이성의 중요성을 강조한 이마누엘 칸트는 미학을 이성과는 구분되는 것이라고 생각했다. 칸트 철학에서 두드러지는 부분은 아름다움을 감상할 때 인간 이성이 '자유롭게 노닌다'는 것이다. 그의 관점은 개념의 역할에 주목하는데, 우리가 아름다움을 그 자체로 볼 때, 우리의 상상력은 개념에 가려지지 않는다.

그런데 개념이 상상력을 가린다는 말은 무엇을 의미할까? 넓든 좁든 개념을 적용할 때 그것은 우리가 그 개념을 적용한 대상을 바라

보는 특정한 관점을 만들어, 아름다움 자체를 실제로 경험하는 자유를 누리지 못하게 한다. 칸트가 생각한 것은 일인칭으로 경험하는 관점에서 따지고 보면 논쟁의 여지가 있다. 하지만 적어도 아름다움을 지각할 때 상상력이 하는 역할이 있다고 인정해야, 우리가 아름다움을 경험하면서 느끼는 즐거움도 인정할 수 있다.

칸트는 또한 아름다움에는 분명 객관적인 측면이 있다고 생각했다. 이는 아름다운 대상이라면 그것이 나에게 아름답게 보이는 만큼 (적어도 이론적으로는) 여러분에게도 아름답게 보이리라는 것이다. 왜냐하면 우리는 모두 아름다움을 지각할 수 있는 공통된 인간적 기능을 가졌기 때문이다.

우리는 어떻게 아름다움을 지각할까?

아름다움에 대한 칸트의 관점은 다소 모호하지만, 미학적 사고라는 분야에서는 몇 가지 구분과 논쟁의 출발점이 되었다. 하나는 아름다움을 감각으로 느끼는 것인지, 아니면 합리적 이성으로 이해하는 것인지에 대한 논쟁이다. 칸트는 아름다움을 비합리적인 수단으로 받아들이는 것으로 보는데, 이는 사실 칸트가 이 과정을 딱 떨어지는 규칙이나 원리로 공식화하지 않는 방식으로 설명하는 이유이기도 하다. 일부 이론가들은 아름다움을 정합성이 있는 아이디어를 품고 있다거나 예술적인 고전을 따르기 때문이라는 등, 형식적인 측면에서 파악하기도 한다. 다른 이들은 예술이 취향에 달린 것이라고 생각하지만, 그렇다고 모든 예술이 감상하는 사람에 달려 있으며, 상대적이라는 결론에 이르지는 않는다. 일부 이론가들은 아름다움을 정합성이 있는 아이디어를 품고 있다거나 예술적인 고전을 따르기 때문이라는 등, 형식적인 측면에서 파악하기도 한다. 다른 이들은 예술이 취향에 달린 것이라고 생각하지만, 그렇다고 모든 예술이 감상하는 사람에 달려 있으며, 상대라는 결론에 이르지는 않는다.

추상예술과 재현예술

미학에서 매우 중요한 구분은 감상자의 감상법이 아니라 예술의 주제 자체에 대한 것이다. 이는 추상예술과 재현예술 사이의 구분이다. 재현예술이 꽃이나 풍경, 사람이나 사건 등 세계의 어떤 부분을 어

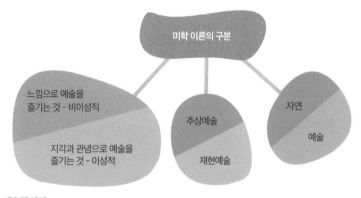

느 정도 충실하게 묘사하고자 시도한다면, 추상예술은 말 그대로 재현에 관심이 없다. 대신 추상예술은 예술가 앞에 놓인 소재를 완전히 다른 형태로 만든다. 소재란 것이 존재한다면 말이다.

예술의 형식적 요소

예술의 소재를 기준으로 추상예술과 재현예술을 구분하는 것은 예술의 형식적 요소를 질문하게 한다. 이 말은 여지껏 예술이 보거나

모나리자가 아름답다고 말하려면 우리는 어떤 형식적 요소에 호소할 수 있을까?

듣는 것으로 접근했다는 의미다. 이런 점에서 형태란 예술 작품의 아름다움을 설명하는 구조를 말한다. 즉 레오나르도 다빈치의 〈모나리자〉에서 관찰할 수 있는 형태적 아름다움은 풍경 부분에서 지평선을 높게 잡은 것, 왼쪽과 오른쪽이 비대칭인 것, 그라데이션 색채를 활용할 때 스푸마토sfumato 기법을 활용한 것, 뒤쪽 풍경을 거친 선으로 묘사한 것과 대조적으로 부드러운 선으로 모나리자를 그린 것 등을 말한다. 더 정확하게 살펴보면 작품에 그려진 다양한 소재의 수학적이고 기하학적인 관계까지도 따져볼 수 있을 것이다.

형식주의가 주장하는 권위주의적인 미적 기준이 매력적으로 다가온다는 점은 쉽게 이해할 수 있다. 아름다움은 소중한 실체이며, 아름다움을 맞닥뜨리는 것은 드문 경험이다. 거부할 수 없는 아름다움의 핵심을 찾다보면 우리는 아름다움 자체가 주는 것보다 더 영원히 그것을 소유할 수 있다고 생각하기도 한다.

한때는 아름다움의 원천을 찾아 헤맬 필요가 없다는 것이 상식이기도 했다. 아름다움은 자연에서 튀어나오고, 자연을 모방할 때 아름다움을 찾을 수 있다고 본 것이다. 1800년대 미술 비평이 높은 수준에 이른 후 오늘날까지 예술을 아름다움의 원천으로 여기는 생각, 또는 적어도 예술이 흥미로운 주제라는 점은 점점 더 강조되었다. 아름다움은 그것이 무엇이든, 자연과 예술 사이의 차이점과 공통점에서 찾을 수 있다.

30

바라보는 방식에 따라 달라진다
시간의 철학

시간을 당연히 여기기는 쉽다. 이 말은 우리가 의식하지 못하고 흘려보내는 시간이 아주 많다는, 그러니까 우리가 시간을 활용하는 방식을 말하는 것이 아니다. 오히려 우리는 시간을 매우 친숙하게 이미 우리가 알고 있는 것으로 받아들이므로, 우리의 경험이 시간을 인식하는 방식과 긴밀히 연관되어 있다는 점을 의식하지 못한다.

시침과 분침이 달린 동그란 시계를 가지고 있다면, 당신은 시간을 동그랗게 인식할지도 모른다. 시간을 인식하는 또 다른 흔한 예시로는 왼쪽에서 오른쪽으로 움직이는 일직선이나 화살 등이 있다. 왼쪽은 과거, 중간은 현재, 오른쪽은 미래를 의미한다. 당신은 이것이 시간을 재현하는 흔한 방식에 불과하다고 생각할 수 있다. 그러나 모든 사회에서 시간을 이런 식으로 인식하지는 않는다. 예를 들면, 고대 그리스인들은 아직 다가오지 않은 것은 우리 뒤에 숨어 있다는 생각

| 과거 | 현재 | 미래 |

시간의 흐름을 나타내는 흔한 방식

을 기반으로 미래는 우리 뒤에, 이미 알고 있는 과거는 우리 눈앞에 있다고 생각했다.

시간에 대한 A 이론과 B 이론

앞서 언급한 예시는 우리가 시간을 이해하는 방식이 우리가 그것을 생각하는 방법에 큰 영향을 받는다는 점을 보여준다. 이런 친숙한 묘사 바깥에서 시간을 상상하기란 때로는 불가능에 가깝다. 이런 관점에서, 우리는 시간을 설명하는 틀인 **A 이론**과 **B 이론**을 더 잘 이해할 수 있다.

시간을 이해하는 일반적인 방식은 우리가 진부하고 흔한 접근이라고도 말하는, 과거-현재-미래로 시간이 이루어져 있다고 생각하는 방식이다. 이를 '시간에 대한 A 이론'이라고 말한다. 그러나 시간을 연구하는 과학자들과 철학자들이 더 선호하는 더 현대적인 이론은 '시간에 대한 B 이론'이다. B 이론은 시간을 사건이나 현상이 앞서 일어나면 다른 것들이 뒤따라오는 상대적인 시퀀스로 파악한다. 이 두 가지가 시간 이론을 분류하는 가장 흔한 방식이다.

각 이론은 더 넓게 발전했는데, 이는 뒤에서 더 살펴볼 것이다. 이 이론들이 중요한 이유는 이것이 시간을 예측할 뿐 아니라 인간 삶의 다양한 영역에 영향을 미치기 때문이다. 이 이론들은 우리가 스스로를 인식하고 세계와 관계 맺는 방식, 우리 생각의 변화, 인과관계, 노화, 그리고 시간이 실제로 무엇인지 그 자체 등에 영향을 준다.

더 넓은 관점에서 A 이론은 시간을 객관적으로, B 이론은 시간을 상대적으로 이해하는 것에 호소한다. A 이론에서 현재는 특권적인 지위를 갖지만 B 이론에서는 현재 일어나는 일들 중 특별히 중요한 지점이 있다는 것을 부정한다는 점에서 이 특징은 더욱 두드러지게 드러난다. A 이론에서 '과거'와 '미래'는 현재와의 관계 속에서 정의되고, 현재는 당신이 지금 읽고 있듯 지금 이 순간 일어나는 것이기에, 특권적인 지위를 누린다. B 이론은 A 이론처럼 특정한 시점에 더 주목하거나 특권을 부여하지는 않는다. B 이론에서는 어떤 시점이 다른 시점에 앞서거나 뒤서거나 상관없이 모든 시점이 동등하다. B 이론가들이 우리가 현재라고 부르는 것을 어떻게 설명하는지는 뒤에서 살펴보겠다.

A 이론, 움직이는 초점 이론과 성장 단지 이론

A 이론가들 사이에서도 시간이 무엇인지 바라보는 관점은 다양하며, 우리는 여기서 그 관점 중 몇 가지를 검토할 것이다. 일단 우리 인간이 시간을 어떻게 다양한 방식으로 개념화하며 이것이 시간의 본질에 대한 이해를 어떻게 형성하는지에 주목해 보자. 이제 설명할 시간에 대한 A 이론의 변주들은 시간을 개념적으로 이해하기 위해 우리가 어떻게 창의적인 비유에 의존하는지 잘 보여준다. 그중 하나가 **움직이는 조명 이론**이다.

움직이는 조명 이론은 현재가 갖는 독특한 성격과 지금 당장 일어나기에 갖는 중요성을 움직이는 조명이 주의를 끄는 것에 비유한다. 이런 이미지는 현재의 특별한 성격을 과거와 미래에 대조하며 보여주고, 과거와 미래도 어떤 점에서는 실재하는 것으로 보여주지만, 무대 조명의 비유 그대로 이 시점들은 무대 아래서 대기하는 상태라는 점을 전달하기도 한다. 따라서 과거와 미래는 존재하지만, 현재처럼 전면에 드러나지는 않는다.

성장 블록

| 과거 | 현재 | 미래 |

A 이론

| 과거 | 현재 | 미래 |

움직이는 조명

| 과거 | 현재 | 미래 |

B 이론

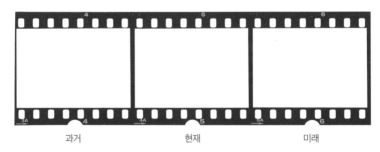

| 과거 | 현재 | 미래 |

시간의 '프레임' 각각이 합쳐진다고 이해할 때만 우리는 시간을 올바르게 이해할 수 있다.

시간에 대한 B 이론

A 이론과 다르게 B 이론은 현재를 비롯한 그 어느 시점에도 특별한 지위를 부여하지 않는다. 시간은 우주에 존재한다고 관습적으로 이해되는 3차원에 덧붙어 존재하는 다른 하나의 차원이다. 통합되어, 또는 단일체로 이해되는 시공時空은 물체가 존재하는 4차원의 공간이다. 이는 자전거, 꽃, 사람들이 현재라는 특권적인 시점에 존재하다가 다른 시점으로 넘어가는 것이 아니라, 3차원의 공간에서 시간이 흐름에 따라 연장되며 존재한다는 것을 의미한다. A 이론을 설명할 때 흔히 사용되는 이미지가 움직이는 조명이나 화살이 나아가는 방향이라면, B 이론은 동영상을 구성하는 각각의 프레임 이미지로 설명할 수 있다. 모든 프레임이 합쳐져야 비디오가 존재할 수 있듯이, 우리를 인간으로 존재하게 하는 것도 시간과 3차원을 통해 시간적으로 확장된 우리의 모든 '부분'이라는 것이다.

31

의심하는 한 나는 존재한다
데카르트의 코기토 명제

르네 데카르트의 명제 '나는 생각한다, 고로 존재한다'는 라틴어 원문인 '코기토 에르고 숨Cogito ergo sum'으로도 잘 알려져 있다. 그런데 많은 사람에게 익숙할 정도로 알려진 이 명제가 뜻하는 바는 무엇일까? 아주 간결하지만 품고 있는 의미는 그렇게 단순하지도, 간단하지도 않다.

어쨌든, 우리는 "나는 목이 마르다"나 "나는 정직하다"라고 말하듯 "나는 생각한다"라는 말도 자주 한다. 데카르트가 이 말을 통해 정확히 표현하고자 했던 생각은 무엇이었을까?

데카르트와 방법적 회의

데카르트의 **'코기토 명제'**는 그의 저서 《제1철학에 관한 성찰》에 처음 등장하며, 다른 저작에서도 그는 이 명제에 대한 생각을 발전시켰다. 이 책의 '제2성찰' 부분에서 데카르트는 **코기토 명제** 논증을 통해 인간 이성의 본성이 육체의 본성보다 파악하기 쉽다는 것을 증명하고자 한다.

우리가 알 수 있는 것이 무엇인지를 확장적으로 논증하는 맥락에서, 데카르트는 **코기토**를 '근본적 회의懷疑'라는 방법론의 해답으로 제시한다. 이는 데카르트가 이전부터 알고 있다고 생각한 것들을 체계적으로 의심하기 위해 활용하는 방법이다. 이것이 '근본적(또는 급진적) 회의'인 이유는 그가 정말로 모든 것을 의심하고자 노력하기 때문이다. 그는 심지어 우리가 당연하게 받아들이는 전제들, 즉 세계가 있고 그 세계에는 대상이 존재하며 우리가 그 세계에 존재하고 있다는 사실마저 의심한다. 그리고 이를 형태와 육체 자체, 움직임과 위치를 회의하는 것에까지 확장했다.

데카르트가 이렇게 끊임없이 회의한 것은 학문적인 실천이기도 했지만 동시에 그가 매우 개인적인 차원에서 인간으로서 얼마나 자주 오류와 잘못된 의견에 빠지는지를 인정하는 일이기도 했다. 데카르트는 자신이 해낸 철학적 기획의 개인적인 성격을 강조하며 책의 제목을 당대 철학 서적에 유행하던 '논의' 등으로 붙이지 않고 '성찰'이라고 붙였다. 그는 독자가 책의 내용을 함께 따라가며 그가 펼친 생각을 직접 성찰해 보고, 그의 주장이 어떤지 평가하기를 원한다고 적었다. 데카르트의 코기토 명제가 '나' 또는 '자신'에 주목한다는 점을 생각하면 이런 생각은 놀랍지 않다.

회의주의적 의심에 대답하기

어떤 면에서 **코기토**가 급진적 회의주의의 해답이 될 수 있다는 걸까? 먼저 데카르트가 제시한 급진적 회의의 조건을 살펴보며 어떻게 **코기토**가 해결책이 되는지 알아보자.

제1성찰은 우리 주변의 모든 것이 진짜라는 생각을 의심하는 것에서 시작한다. 우리가 보는 하늘의 모든 것과 땅 위의 것들은 가짜

데카르트는 '자기 자신'이란 육체가 아닌 생각에 있다고 보았다.

이고, 우리는 그것들이 진짜라고 믿는다. 이와 비슷하게 우리는 우리
의 육신이 살과 뼈로 이루어져 있다는 것도 진짜라고 믿는다.

아르키메데스가 지구를 움직이려면 점 하나만 있으면 된다고 뻐긴 것처럼, 데카르트 역시 그의 생각을 전개할 단 하나의 든든한 시작점이 필요했다.

신과 사악한 악마

데카르트는 우리가 알고 있는 신이 좋은 신이며 우리가 가진 그릇된 믿음에 대한 책임이 신에게 있다고 생각해서는 안 된다고 말했다. 신이 그렇게 좋은 존재라면, 우리가 그런 식으로 기만당하게 두지 않았을 것이기 때문이다. 그 대신 우리는 철학자들이 '**데카르트의 악마, 또는 사악한 악마**'라고 부르는 나쁜 의도를 가진 영혼이 있어 우리가 그릇된 것을 옳다고 믿게 만드는 데 전력을 다하고 있다고 상상할 수 있다. 이 사악한 악마 때문에 우리가 우리 자신과 세계에 대해 잘못된 생각을 갖게 된다면, 그의 음모로부터 어떻게 벗어나야 할까?

데카르트의 문제의식은 그의 회의적인 문제의식을 정박시킬 특정한 믿음이자 그 후에 이어질 모든 지식의 토대가 될, 반박할 수 없을 정도로 타당한 원리를 찾아야 한다는 것이었다. 데카르트의 악마는 이런 문제의식을 편리하게 해결하기 위한 방편이었다. 잘 알려진 비유처럼, 지렛대의 원리를 발견한 아르키메데스가 지구 바깥의 한 지점만 있으면 지구를 들어 올릴 수 있다고 했듯이 데카르트는 자신의 지식을 쌓아 올릴 하나의 토대가 필요했다. '근본적 회의'라는 입장은 우리가 육체를 가지고 있다는 믿음까지도 의심하게 했고, 그래서 우리는 우리의 의심에서 거의 벗어날 수 없는 취약한 위치에 남겨졌다는 점을 기억해야 한다.

회의는 생각하는 방식 중 하나다

자아와 존재에 대한 데카르트의 명석하고 그만큼 단도직입적인 생각은 여기서 빛을 발한다. 왜냐하면 그가 가장 먼저 제기하는 질문이 세계와 육체에 대한 이 모든 의심이 우리로 하여금(데카르트의 표현을 빌리면 특히 **그 자신**으로 하여금)우리 또는 자신이 존재한다는 점을 의심하게 하는지 아닌지의 여부이기 때문이다. 자기 자신의 실존에 설득력이 있으려면 먼저 자기가 존재해야만 하므로, 이 질문의 대답은 '아니오'다. 즉 내가 생각하고 있다면(내가 생각하고 있는 나의 상황에만 진실인 것이 아니라 다른 사람들이 생각하는 상황에도 진실이다), 나는 존재하며 내가 존재하지 않는다면 나는 생각할 수 없다.

생각하는 행위는 생각하는 주체가 있다고 전제한다. 하지만 데카르트는 이 명백한 돌파를 진실의 영역에까지 시험해 보려 한다. 우리가 생각하고 있다는 사실마저도 '사악한 악마'가 우리에게 부과하는 착각일 수 있다는 의심을 제기하는 것이다. 데카르트는 우리가 악마의 술수로 인해 자신이 생각하고 있다고 착각하게 되는 것은 아닌지 숙고하기를 원한다. 이 부분이 바로 데카르트의 지성이 빛나는 지점이다. 우리가 속고 있다 하더라도, 속고 있다는 점은 우리가 계속 생각하고 있다는 말이기 때문이다.

악마가 우리를 속이고 있다는 최악의 시나리오에서도 우리는 많은 것을 의심할 수 있고, 이때는 우리가 생각하고 있다는 사실은 의심할 수 없다. 바로 이 점에서 필연적으로, 또 의심할 수 없이 나는 존재한다. 나는 나의 존재를 의심할 수 없다. 왜냐하면 생각의 한 형태인 의심이 내가 의심하고 있으며, 생각하고 있고, 그렇기에 내가 존재할 수밖에 없다는 사실을 확인해 주기 때문이다.

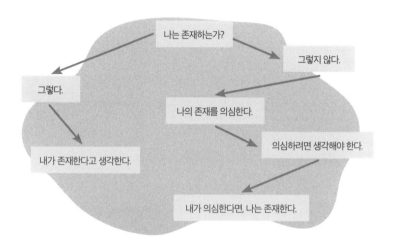

32

평화를 향한 열망
홉스의 자연 상태

토머스 홉스(1588~1679)는 폭력과 위협이 발생할 일 없이 평화로운 삶을 살기를 소망했다. 그는 잉글랜드 내전(1642~1651)이라는 무서운 시기를 지나며, 내전 도중 발생한 끔찍한 일들을 마주하며 불안정한 폭력을 겪는 것보다 어떤 형태의 정부든 존재하는 것이 좋다고 생각하게 되었다.

하지만 정부가 있더라도 내전을 예방할 수 있을 정도로 상황을 안정시키는 일은 쉽지 않다. 토머스 홉스는 저서 《리바이어던》을 통해 내전을 막을 수 있는 기획을 만들어 보고 자 했다.

자연 상태

홉스가 이해하기에 인간의 자연 상태는 바람직하지 않다. 인간의

홉스는 국가가 세워지기 전 '자연' 상태의 인간을 잔인할 정도로 현실적인 관점에 서 바라보았다.

사람들은 영국 남북전쟁의 가혹한 조건들이 홉스의 철학에 생기와 맥락을 주었다고 이해해 왔다.

악한 충동을 제어하는 법률과 권력 없이 시민사회는 가능하지 않다. 약한 사람도 범죄를 저지르기 위해 무리를 이룰 수 있고, 강자도 잠자는 중에 습격을 당하는 등 취약한 순간이 있기 때문에, 살인을 저지르기 어렵지 않다. 강자는 약자에 대해 타고난 우위를 가지고 있으며 이는 실제 폭력으로 이어질 수 있다. 인간의 취약한 자연 상태는 시간의 흐름에 따라 잊힌 선사시대에만 있었던 이야기가 아니다. 홉스는 그런 상태는 정부가 확립되지 않았던 모든 시기에 벌어졌던 일이고, 따라서 정부가 필요하다는 결론을 내렸다.

어쩌면 당신은 살인 충동을 느끼는 사람은 (감사하게도) 소수의 특이한 사람들이라고 생각하며 홉스가 지나친 주장을 한다고 생각할 수 있다. 그는 자연 상태가 정부의 지배로 대체되어야 하는 이유에 대해 추가로 논증한다. 홉스가 보기에, 자연 상태에서 우리는 원하는 것을 얻기 위한 수단으로 폭력을 사용하는 데 이끌린다. 우리를 막을 경찰이나 군대가 없다면, 우리는 본래 우리 것이라고 생각하는 것을 얻기 위해, 또 우리의 재산과 권리를 침해할지 모르는 것들로부터 자신을 보호하기 위해 폭력을 사용할 것이다. 두려움은 그 자체로 우리를 폭력에 이끌리게 하는 충분한 조건이 된다.

사회적 투쟁을 위한 조건

지금까지 살펴본 홉스의 주장에는 사람이 타인을 대할 때 자신이 대우받고 싶은 대로 대하거나 자시이 당하기 싫은 일을 남에게 행하지 않는다는 황금률은 찾아볼 수 없는 것 같다. 이는 홉스가 결코 인정할 수 없는 지점이다. 그러나 그는 자연 상태가 우리에게 자신을 보호할 권리, 자기 보호의 권리를 부여한다고는 생각한다. 자기 보호는 죽음과 폭력으로부터 스스로를 지킬 권리를 의미한다. 그러나 이는 또한 어떤 상황에, 어느 정도의 위협 앞에서 자기방어를 위한 폭력을 사용해도 되는지 그 판단을 개인에게 맡기는 결과로 이어지기도 한다. 홉스는 이런 논쟁에 대해 중재적으로 개입할 수 없다고 생각한다.

그는 자연 상태를 폭력적이며 역기능적인, 누구나 무엇이든 할 자유가 정당화되는 상태로 본다. 왜 홉스가 이런 주장을 하는지는 명확하게 드러나지 않는다. 정부가 없는 상태에서는 모두가 자기 맘대로 행동해도 되어서 그런 것일까, 아니면 정부나 시민사회가 없어서 사람 개개인이 평화를 위해 꼭 필요한 행위가 무엇인지 알지 못하며, 그것을 본 적도 없어서일까? 잘 모르겠지만, 홉스에 의하면 인간은 땅 위에 돋아나는 버섯처럼 서로 연결되지 않고 그저 인접하여 태어난다. 결과적으로, 우리는 홉스의 판단에는 이렇게 비문명화된 투쟁이 일어나게 되는 내재적인 요인이 세 가지 있다고 할 수 있다. 사람들 사이에 경쟁이 존재하고, 승리나 명성을 탐하며, 전반적으로 서로에 대한 믿음이 없다는 것이다.

> **왜 자연 상태에서 사람들은 서로에게
> '추잡하고, 흉포하며 인색하게' 행동하는 것일까?**
>
> - 재화를 얻기 위한 경쟁
> - 승리를 추구
> - 의심과 불신

'리바이어던'의 등장

앞서 언급했듯이, 홉스는 필연적으로 섬뜩할 수밖에 없는 자연 상태를 피하려 했다. 이런 현실을 피하는 것은 이해타산을 따졌을 때 좋을 뿐 아니라 도덕적인 요구이기도 하다. 자연 상태는 너무나 잘못되었으므로 우리는 그것을 피하기 위해 실천해야 할 의무가 있다. 여기에 덧붙여 홉스가 옳다고 생각하는 자연법칙이 몇 가지 있다. 홉스가 열아홉 가지로 나열한 이 법칙은 이성적이고 생명을 보호하는 한편 생명을 파괴하는 것을 금지하기도 한다. 이 법칙 중 첫째는 평화를 추구해야 하는 필요성이 맨 처음 수단임을 강조하며, 이것이 실패했을 때에만 전쟁이라는 수단을 써야 한다는 것이다. 평화를 향한 열망이 너무나 중요하기에, 자연인으로서 인간은 사회적 자유라는 목표를 향해 다른 모든 권리를 내려놓는다. 이 극적인 움직임의 의도는 개인이든 무리를 이룬 인간들이든, 자연 상태에서 사람들이 각자 가지고 있던 것을 어떤 하나의 실체에 부여하는 것이다. 평화와 질서가 절실히 필요하다는 것을 깨달은 사람들은 그들이 지니고 있던 자유를 자연스럽게 정치적 질서에 복속시킨다. 홉스는 이 정치적 실체를 '연방체' 또는 **'리바이어던'**이라고 부른다. 이때 사람들은 연방체에 복종함으로써 국가는 권력을 얻고 사람들은 안전을 보장받는, 일종의 교환을 한다. 이 엄청난 권력의 교환 속에서 보존되는 단 하나의 권리는 신체적 상해를 입을 경우에 자신을 방어할 권리다.

개인들이 통합된 국가에 권력을 넘겨주기로 동의했을 때에만 '리바이어던'은 생겨날 수 있다.

사람들의 권력을 양도받은 정치적 행정관 '리바이어던'은 홉스의 책 《리바이어던》 표지에 여러 사람이 모여 단 한 명의 왕을 구성하는 그림으로 드러난다. 이 이미지는 그것이 상징하는 사회계약이 무엇인지 잘 묘사한다. 자연 상태에서 사람들을 통제하는 데 정치적 권력이 꼭 필요하다면, 이 정치적 권력은 오직 사람들의 동의에 의해서만 확립되고 유지되며, 사람들은 폭력적인 자연 상태를 피하기 위해 만들어진 연방체의 권력을 유지하는 협약을 반드시 지켜야 한다. '리바이어던'이 무너지면 사람들도 무너지기 때문이다.

33

존재는 마음에 달렸다
버클리의 존재와
지각 명제

조지 버클리(1885~1753)는 철학사에서 매우 흥미로운 인물이다. 그는 아일랜드 성공회의 주교였을 뿐만 아니라, 그의 신앙심은 유명한 철학 금언 '존재하는 것은 지각되는 것이다'를 확립하는 데 크게 기여했다. 그는 물리적 대상들이 존재한다는 관습적인 주장을 공격하는 데 주목했다.

버클리는 물질적 대상, 즉 정신과 무관하게 존재하는 대상에 대한 믿음이 회의주의로 향하게 하며, 궁극적으로는 무신론에 이르게 한다고 생각했다. 물질적 대상들이 정말로 정신과 독립적으로 존재한다면 성스러운 정신인 신의 역할은 없어진다. 따라서 그는 실제로 존재하는 것은 우리가 정신적으로 생각하는 관념이라는 점을 보여주려 했다.

우리가 인식하는 것은 대상에 대한 우리의 생각이다
버클리가 물리적 대상에 대한 믿음을 공격하기 위해 취한 첫째 전략은 우리가 인식하는 방식을 두 가지 요소로 나누는 것이었다. 그는

알아두면 쓸모 있는 철학 상식 사전

탁자나 나무 같은 대상을 인식할 때, 우리가 가질 수 있는 것은 그 대상에 대한 우리의 생각이나 감각적 지각일 뿐이라고 말한다. 우리의 정신이 갖는 것은 탁자라는 관념이지, 탁자 자체가 아니다. 우리는 자신이 대상을 인식하고 있다고 생각하지만, 사실 우리가 지각하는 것은 관념일 뿐이다.

근대 이전의 여러 철학자와 마찬가지로 버클리도 신학자였으며, 그의 철학은 부분적으로는 신에 대한 믿음을 정당화하기 위한 시도였다.

앞으로 더 살펴보겠지만, 버클리는 우리가 세상에 존재하는 물체를 인식하는 것이라고도 생각하지 않았다. 그는 우리가 그저 관념을 인식할 뿐이며 관념만이 우리가 인식할 수 있는 것이라고 좁혀 말했다. 우리가 인식하는 모든 것이 관념일 뿐이라는 버클리의 논리적 전략을 이해할 때 어려운 지점은 그가 우리가 보는 것을 우리의 관념 자체로 동일시하는 부분이다. 나무는 우리가 지각하는 내용, 즉 그것의 피라미드 모양을 실제로 보고 나뭇잎의 소리를 듣거나 딱딱한 겉 부분과 뿌리의 냄새를 맡는 것 이상이 아니다.

조금 다른 방식으로 접근해 보자. 예를 들면, 버클리는 우리가 나무를 인식하는 방식이 실제 나무를 가리키는 감각지각을 갖는 것이라고 말하지 않는다. 이런 설명에서는 감각지각을 나무와 우리의 인식 사이의 매개체나 관계 맺기의 일종으로 파악하게 된다. 버클리는 그런 설명에 동의하지 않았다. 우리 자신을 A로, 우리의 감각지각을 B로, 나무를 C로 부른다고 가정하자. B(감각지각)는 A(우리 자신)와 C(나무) 사이에 서 있다. 버클리의 주장은 B와 C가 같다는 이야기다. 나무에 대한 지각은 나무 자체와 같기에, 지각은 나무를 반영하지 않는다.

지각은 표상이 아니다

버클리가 반대하는 것은 지각을 표상으로 이해하는 설명이다. 지각을 표상으로 이해한다는 말은 세계에 실제로 존재하는 대상들이 있고 우리의 감각지각이 하는 역할은 그것들을 특정한 방식으로, 즉 표상으로서 우리의 정신에 재현한다는 이야기다. 버클리가 보기에 이런 식의 표상은 불가능하다. 표상이란 비슷함, 유사성 또는 닮음의 일종이고, 관념은 다른 관념과 유사할 수밖에 없으며 물질적인 것이 될 수 없기 때문이다.

관념은 다른 관념과 유사할 수밖에 없다

왜 관념은 다른 관념과 유사할 수밖에 없고 물질적 대상과 비슷할 수는 없을까? 두 가지를 말할 수 있다. 하나는 우리 외부의 물질적 대상이 우리의 감각지각이나 관념을 닮았다는 것을 우리가 어떻게 알게 되는지, 또는 사실로 받아들이는지 논하는 것이다. 우리는 결코 물질적 대상으로서 나무가 나무에 대한 우리의 관념과 비교했을 때 어떤지를 직접 알 수 없다. 왜냐하면 나무에 대한 우리의 관념은 우리가 나무와 맺는 관계나 나무를 이해하는 방식 자체이기 때문이다. 버클리는 감각지각을 표상으로 이해하는 것이 일단 모순이며 말이 되지 않는다고 보는 것 같다. 물질적 대상은 물질적 대상이고 감각지각은

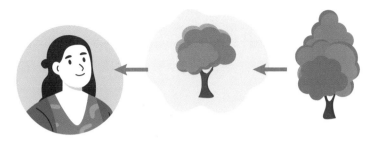
우리는 물체 자체가 아니라 그 물체의 이미지를 본다.

감각지각이다. 그러니 물질적 대상을 어떻게 생각에 비교할 수 있겠는가? 둘은 근본부터 다르며 공통점도 전혀 없다.

상식과 버클리

지금까지 살펴본 바에 따르면 버클리는 우리가 일반적으로 세상을 이해하는 방식과 경험에 반대되는 급진적인 주장을 펼쳤던 것으로 보인다. 우리는 대상과 그것이 갖는 속성을 항상 경험한다. 우리는 암석의 단단함을 느끼고, 교회 종소리가 울리는 것을 들으며, 포도의 달콤함을 맛보고 집이 얼마나 큰지 눈으로 보는 등, 이런 예시는 끝도 없다. 이 모든 특징이 물리적 대상에 속하는 것 아닌가? 이에 버클리는 '특징'이라고 부르는 이 모든 것들이 감각지각이라는 점, 그러니 모두 우리 마음의 영역에 속한다는 점을 상기시키는 방식으로 논박한다.

우리의 마음이 표상의 방식으로 작동한다는 것이 상식인 것에는 이유가 있을 것이다. 문을 열고 지나가는 것을 예로 들어 생각해 보면, 우리 정신이 우리에게 문고리가 달린 문이 있다는 표상을 띄워 주면, 우리가 손잡이를 적절히 잡아서 돌리고 통과하는 것 같다. 그리고 우리는 자주 이런 식으로 행동한다. 버클리는 문이 거기 정말로 존재한다 하더라도, 물리적인 문이 비물질적인 마음에 어떻게 문에 대한 생각을 촉발할 수 있는지 의문을 갖는다. 이는 물리적인 것과 정신적인 것의 본성 자체가 물질적인 것과 비물질적인 것으로 반대되고, 이들은 근본적으로 서로 통할 수 없는 다른 영역이기 때문에 상호작용이 불가능하다는 주장이다.

물질적 대상과 비물질적인 관념을 지적하는 부분은 위에서 언급한 유사성 논증과 비슷한 면이 있다. 물질과 관념 사이에 비교할 지점이 독립적으로 존재해야 하는 것처럼, 물리적인 대상과 그에 대한 관념이 상호작용할 수 있는 만남의 지점이 독립적으로 존재해서 대상들이 정신에 생각을 촉발할 수 있어야 한다.

관념의 포괄적인 본성과 그것이 어떻게 우리의 사고에 침투하는지에 대해서는 **주인 논증**으로 설명할 수 있다. 버클리에 따르면 당신은 마음과 독립적으로 존재하는 나무를 상상할 수 있다고 말하지만, 그 나무를 상상하는 과정에서 당신은 직접 관념을 만들어 낸다. 이는 모든 것, 즉 우리가 마음 바깥의 것을 인식하려고 노력하는 과정조차도 마음에 의존한다는 점을 보여준다.

'주인 논증'

- 버클리는 존재하는 모든 것이 말해지지는 않는다고 말한다.
- 이에 동의한다면, 존재란 마음에 달린 것이다.
- 동의하지 않는다면, 당신은 마음과 독립적으로 존재하는 대상을 생각해 내기 위해 마음을 사용하게 된다. 하지만 이 과정도 마음에서 일어나므로, 대상들은 마음에 존재한다.

알아두면 쓸모 있는 철학 상식 사전

34

경험을 해석하는 하나의 원리
흄의 인과 추론

흄(1711~1776)의 관점은 대중적으로 잘 알려지지 않았지만, 그는 역사적으로 매우 큰 영향력을 끼친 철학자다. 우리는 이 챕터에서 사람들이 원인과 결과 사이에 관계가 있다고 생각하는 결론에 어떻게 도달하는지에 대한 그의 유명한 비판을 살펴볼 것이다. 인과관계 자체와 더불어 어떤 것이 원인 또는 결과라는 우리의 인식은 일상생활에서 널리 적용된다. 만약 흄의 이론이 이런 관념을 약화하려는 것이라면, 그것은 우리가 안다고 생각하는 것과 심지어 우리가 어떻게 살아가는지에 대해 무시무시한 결과를 가져왔을지도 모른다.

경험주의와 '관념들'

첫째로, 흄은 경험주의자다. 이는 그가 모든 지식은 궁극적으로 감각 지각에서 유래한다고 생각했다는 말이다. 그는 우리 마음의 내용을 첫째는 **인상**, 둘째는 **생각** 또는 **관념**이라는 두 가지로 거칠게 분류했다. 인상에는 감각지각뿐 아니라 사랑, 증오, 욕망, 의지 등이 포함되며, 관념은 우리의 인상에 의지하고 인상에서 유래하는 생각들이다. 간단히 말해 관념은 인상에서 무언가를 뽑아내 새로운 것을 만든다. 206쪽의 삽화가 보여주듯, 인상은 관념과 구분된다. 관념이 인상에서 유래된다고 해도 말이다.

'황금'은 감각지각 자체에 속한 것은 아니지만 우리가 누런 덩어리에 덧붙일 수 있는 묘사다.

관념은 인상을 '뚫고 나온' 뒤에, 말하자면 홀로서기를 한다. 광산에서 갓 캔, 반짝이는 누런 덩어리를 보는 것이 인상의 한 예시가 될 수 있다. 관념(다시 말하지만 관념은 인상에 의존적이다)은 우리가 이 누런 덩어리에 적용하는 '황금'이라는 개념이다. 이렇게 '황금'이란 개념을 적용하는 것 또는 이름표를 붙여주는 것이 단지 감각지각 자체에만 따르는 것이 아니라는 점을 알아야 한다. 반짝이는 누런 덩어리에 대한 감각지각에 덧붙이는 무언가다. 우리가 황금이라는 개념을 다른 것들에 일반적인 개념으로 어떻게 적용하는지, 또 그 개념을 황금산을 생각해 내는 등 상상의 대상에 적용할 수도 있는지를 떠올려 보면 이를 가장 잘 이해할 수 있다.

인과관계의 연합 원리

우리의 인상 또는 감각의 한계를 넘어설 수 있는 한 가지 방법이 있다. 이때 원인과 결과라는 사고의 방법론이 등장한다. 인과관계는 이전의 예시에 대한 우리의 경험에 기초한 사고방식이다. 사흘 전에도, 이틀 전에도, 하루 전에도 해가 뜨는 것을 봤다면 우리는 매일 해가 뜬다는 관념을 형성할 수 있다. 이 경험에는 흄이 **'결합'**이라고 부른

추가 요소가 있다. 하루의 시작은 해가 뜨는 것과 빈번하게 연결되고, 이런 기초 위에서 우리는 내일이 시작될 때 태양이 떠오를 것이라고 생각한다. 규정을 향한 이런 경향은 '**연합 원리**'라고 불린다. 흄은 비판적 판단력으로 바로 이 연합 원리를 겨눈다.

새로운 하루가 시작되는 것에 태양이 떠오르는 것을 연결하는 것처럼, 두 개의 다른 사건 사이에 지속적인 연합을 만들어 내 둘 사이에 인과관계가 있다고 생각하게 하는 연합 원리를 그는 어떻게 비판했을까? 흄은 추론을 관념들의 **관계 추론**과 **사실 추론**이라는 두 가지로 구분했다. 관념들의 관계 추론은 수학저 개념 등 논증으로 확실하게 증명되는 것들을 포함한다. $1+1=2$ 같은 수식은 논증적 확실성을 가지고 있으며, 1은 손가락이나 돌멩이로 숫자를 세는 등 경험 또는 인상에서 유래하는 개념이므로, 우리는 흄의 개념 활용을 따라 1을 관념으로 간주할 수 있다. 관념 1이 또 다른 관념 1과 특정한 관계 속에서 결합한다고 생각하면, 우리는 이 단순한 수식을 관념들의 관계로 파악할 수 있다.

또 다른 추론의 유형은 **사실 추론**이다. 이는 자연에서 직접 관찰된다는 점에서 관념들의 관계와 구별된다. 또한 사실 추론은 모순에 대한 두려움 없이 실제와 다른 방식으로 상상될 수 있다는 점에서 관계 추론과 다르다. 관념들의 관계에서 수학적인 진실은 $1+1=2$가 필연적으로 참인 것처럼 결코 실제와 다른 것이 될 수 없다. 반면 우리는 태양이 내일 떠오르지 않을 수도 있다는 상상을 쉽게 할 수 있다. 왜냐하면 내일 태양이 뜨지 않는 것을 인식한다 해도 모순은 없기 때문이다. 흄은 관념들의 관계는 필연적인 것으로, 사실 추론은 있음직한 것으로 묘사하기도 했다.

인과관계는 어디서 비롯되는가?

이제 흄은 인과관계에 대한 우리의 생각이 관념들의 관계 추론이나 사실 추론 둘 중 하나에 들어맞아야 한다고 말한다. 인과관계가 들어갈 수 있는 다른 종류의 추론은 존재하지 않는다.

잠시 앞으로 돌아가서, 인과관계는 또한 우리가 눈으로 직접 본 것이 아니라 인상에 무언가가 더해진 것이므로 인상이 아니라고도 할 수 있다. 그러니 연합 원리로 이해되는 인과관계가 두 가지 추론 중 하나에 들어맞는다고 하면 관념들의 관계 추론과 사실 추론 중 어디에 속하는지를 흄은 질문한다. 먼저, 그가 보기에 인과관계는 관념들의 관계 추론에 속하지 않는다. 왜냐하면 관념들의 관계 추론에 속하는 것들은 필연적으로 있는 그대로 존재하는 것들이기 때문이다. 1+1=2가 사실이 아닌 것은 불가능하지만, 연합 원리에 따르면 그것은 사실이 아니다. 이는 앞서 언급한 해가 뜨지 않을 수도 있는 경우와 같은 이야기로, 그것을 더 넓게 확장하고 일반화한 것이다. 즉 원래는 A 다음에 B가 오는 현상에 반하는 상상을 해도 모순이 없다는 것이고, 우리는 그 현상이 일어나지 않는 상황도 쉽게 상상할 수 있다는 것이다. 연합 원리가 관념들의 관계 추론에 속하지 않는다면, 이는 사실 추론에 속할 수밖에 없다. 앞서 살

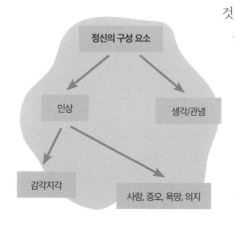

알아두면 쓸모 있는 철학 상식 사전

펴봤듯이, 사실 추론은 모순이 될 것이라는 두려움 없이 다른 가능성을 상상할 수 있는 사물이나 사건을 다룬다.

홈은 사실 추론이라는 범주가 품은 것은 가능성에 대한 추론임을 지적한다. 그 말은 미래가 과거를 닮을 것이라는 원리에 기초하고 있다는 이야기다. 홈에 따르면 이것이 보여주는 것은 인과관계에 대한 우리의 생각이 연합 원리를 전제로 깔고 있거나 당연하게 생각하고 있다는 것이다. 왜냐하면 연합 원리는 그저 인과관계를 말로 표현한 것이기 때문이다. 따라서 인과관계 추론은 가정에 기초하고 있으면서 독립적인 논증에는 기반하고 있지 않기 때문에 정당화될 수 없다. 결론적으로 우리가 연합 원리나 인과관계를 믿는 것은 합리적이지 않지만, 그 대신 우리는 그것을 사실이라고 가정하거나 최선의 경우에는 그럴듯한 가정으로 남겨둘 수 있다.

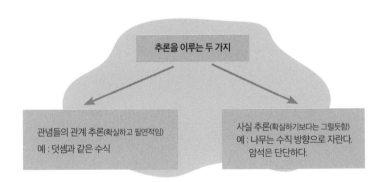

추론을 이루는 두 가지

관념들의 관계 추론(확실하고 필연적임)
예 : 덧셈과 같은 수식

사실 추론(확실하기보다는 그럴듯함)
예 : 나무는 수직 방향으로 자란다.
암석은 단단하다.

35

물질적 구조가 사회를 구성한다
마르크스의 역사유물론

카를 마르크스(1818~1883)는 후대에 많은 영향을 끼쳤다. 정치와 철학에 대한 그의 저작은 종종 종교적이고 문화적인 주제들을 건드렸기에, 비평가로서 그를 존경하는 사람들이 많았다. 그는 철학 교육을 받았는데, 우리는 그의 철학적 작업이 역사나 정치학에 대한 견해에 어떤 영향을 미쳤으며, 궁극적으로 어떻게 공산주의 이론으로 이어졌는지 살펴볼 것이다. 그의 이론적 작업의 핵심은 '역사유물론'이라고 불린다.

역사유물론의 물질적 원인

역사유물론은 물질이 있는 그대로 존재한다는 전제에서 출발한다. 무신론자였던 마르크스는 유물론을 헌신적으로 지지했으며, 그의 이런 믿음은 그가 고대 그리스 철학의 초자연적인 것에 반대하는 자연철학을 비교, 분석하는 박사논문을 쓰던 시기에 일부분 형성되었다.

삶의 물질적 조건에 초점을 맞추는 것은 마르크스를 올바르게 이해하는 데 매우 중요하다. 왜냐하면 인간의 생각이 사회에 영향을 미친다고 보았던 선배 철학자 대부분과는 달리, 그는 사회의 물질적 조건이 사람들이 생각하고 행동하는 방식에 영향을 미친다고 주장했기 때문이다. 마르크스가 역사에 중요한 영향을 미친 힘으로 헤겔의 변증법을 꿈을 만큼 헤겔에게 많은 영향을 받았음에도 헤겔과 구분되는 것이 바로 이 지점이다. 당연하게도 마르크스는 경제적이고 정치적인 변화 뒤에 숨은 동력은 관념이 아닌 물질이라고 초점을 돌렸다.

마르크스의 철학적 관심을 한 몸에 받은 이 물질적 힘은 구체적으로는 생산수단 또는 생산력이다. **생산수단**, 또는 물질적 상품을 생산하는 데 영향을 미치는 요소들은 경제 상품이나 서비스를 생산하는 데 필요한 도구, 기계, 시설, 공장 또는 원자재 등 다양한 것들이

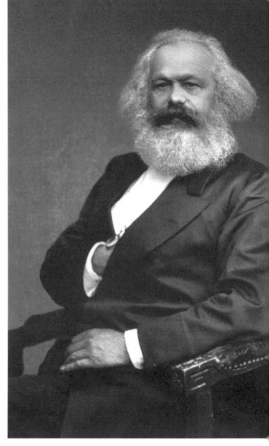

마르크스는 자신의 철학을 문자 그대로 바닥에서부터 쌓아 올려, 물질적 구조가 사회를 만들어 낸다는 데 초점을 맞추었다.

인간 지식과 결합할 때를 일컫는 표현이다. 간단히 말해 생산수단은 경제 상품이나 서비스를 만들어 내기 위한 수단이며 인간 지식에 의해 물질적 자원이 기술적 수단으로 활용되는 것으로 이해하면 된다.

마르크스 이론의 단계

마르크스의 이론은 아래에서 위로 올라오는 이론이라고 할 수 있다. 마르크스 이론의 절대적 토대는 원재료의 이용 가능성과 생산수단의 다른 요소들이라고 말할 수 있는 물질적 조건이 한 사회의 경제 구조를 설명한다는 유물론이다. 경제 구조는 그다음으로 사회의 관습적 구조를 형성한다. 다음 단계인 사회적 구조는 상부구조라고 불리기도 한다. 상부구조를 구성하는 사회적 관습에는 정치, 종교, 철학, 법률이 있다. 이때 사회 계급의 중층적 구조가 등장한다.

한편 경제적 구조와 사회적 상부구조가 맺는 관계의 본질은 인과관계로, 경제적인 것이 먼저 등장하고 사회적 구조를 설명해 주기 때문이다. 다른 한편으로 경제적 구조와 사회적 상부구조는 서로를 강화한다. 왜냐하면 경제적인 것이 사회적인 것을 만들어 내면 사회적 상부구조 층위에서 활동하는 사람들이 경제적인 층위를 동시에 안정시키려 하기 때문이다. 그리고 그 이유는 경제적인 조건이 흔들리면 사회적 구조가 변화하거나 무너질 수 있기 때문이다. 마르크스는 상부구조의 어떤 요소들은 밑바닥의 경제적인 요소로부터 영향을 받지 않을 가능성도 있다는 점을 남겨두고 싶었던 것으로 보인다. 예를 들면 문학 등은 사회의 경제적 구조의 표출이 아니지만 독립적으로 그 자신의 목적을 표현한다.

이런 사회 구조 외에도, 마르크스는 한 사회의 생산력은 시간이 갈수록 증대되는 경향이 있다고 보았다. 마르크스는 생산이 정체되어 더 이상 진보하거나 증가하지 않게 되면, 이 구조는 불가피하게 혁명을 맞이하게 되어 끝장날 뿐만 아니라 생산력을 다시 증대시킬 수 있는 다른 구조로 대체된다고 생각했다.

생산수단  인간 지식

+

=

경제 상품과 서비스

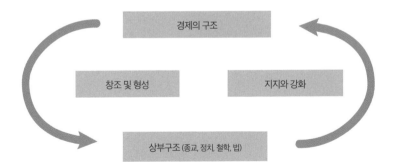

경제의 구조

창조 및 형성

지지와 강화

상부구조 (종교, 정치, 철학, 법)

역사의 단계

마르크스의 역사유물론은 어느 날 갑자기 뚝 떨어진, 이론의 산물이 아니었다. 역사유물론은 역사를 단계적으로 분석하면서 형성되었다.

최초는 원시 부족사회다. 원시 부족사회는 가장 기초적인 단계로, 이때 사회는 남성이 사냥하고 여성이 집을 돌보는 가정이 확장되며 구성되었다. 둘째 단계는 고대 노예제 사회로, 이는 최초로 등장한 계급 사회다. 고대 이집트, 그리스와 로마가 이런 사회의 예다. 셋째 단계는 중세 봉건 사회다. 이 사회에서는 여러 계급이 권리를 갖지만 노예는 여전히 재산으로 다뤄진다. 주된 생산수단은 농업이며 농노가 노동력 대부분을 제공한다. 중세 봉건제 다음에 근대 자본주의가 등장해 자본주의자들이 시장에서 교환 가능한 상품을 생산한다. 중세 봉건제에서 근대 자본주의로 이행한 사례는 1640년부터 1660년에 걸쳐 일어난 영국 혁명과 1789년의 프랑스 혁명이다.

계급 분화

마르크스는 "지금까지 존재한 모든 사회의 역사는 계급 투쟁의 역사다"라고 말한 것으로 잘 알려져 있다. 계급 갈등이라는 개념은 앞서 언급한 역사 발전 단계에서도 발견할 수 있다. 기본적으로 노예제 사회에서 노예는 억압받는 신분이었고 노예주가 억압하는 신분이었으며, 봉건제 사회에서는 농노와 영주가 같은 역할을 했다. 자본주의 사회에서는 억압받는 다수와 지배하는 소수의 이분법이 다소 모호해졌으나, 어쨌든 고용주와 피고용인 관계로 나타난다. 이 지점에서 자본주의는 엘리트 상층 계급에만 부를 축적하게 해 자유와 평등을 확립하는 데 실패했다. 자본주의는 피지배 계급이 권력을 갖는 공산주의 단계에 길을 내주게 되어 있다. 결국에는 공산주의가 도래하여 모든 사람이 필요한 만큼 분배받고, 능력을 발휘할 수 있는 만큼 기여하며, 오늘날과 같이 노동계급이 힘들게 살지 않고 여유 시간을 누리며 의미 있는 활동에 헌신할 수 있는 사회가 될 것이라는 이론이다.

프랑스 혁명은 중세 봉건제에서 근대 자본주의로 이행한 교과서적 사례다.

36

공정함을 위한 상상의 도구
롤스의 무지의 베일

어릴 때부터 어른이 되어서까지, 우리는 모두 공정함을 인간 삶의 바람직한 가치로 이해하며 살아간다. '무지의 베일'은 공정함을 정치적 실천의 자리에 올려놓으려는 개념이다. 존 롤스(1921~2002)는 《정의론》에서 이 개념을 제시했다. 그 베일이 무엇이고 존 롤스는 왜 그것이 꼭 필요하다고 생각했는지 설명하기 전에, 무지의 베일이라는 개념이 롤스가 생각한 정치적인 상황에서 정의의 폭넓은 개념에 어떻게 들어맞는지 살펴보자.

원초적 입장

롤스는 정치적인 영역에서 편견 없이 정의가 달성되는 방법을 찾으려 했다. 그가 생각한 치우치지 않은 공정함은 소수자 그룹이나 개인을 특정 권리나 특권에서 배제하는 사회에서 발견되는 사회적 편견을 교정하는 수단으로써, 그 과정에서 이 소수자들에게 해를 끼쳤다. 그는 정의라는 결과를 낳는 이런 식의 협의의 과정을 **원초적 입장**이라고 말했다.

원초적 입장에서, 우리는 평범한 사람들이 무지의 베일 뒤에 숨은 것을 상상할 수 있다. 이것은 실제로 존재하거나 만질 수 있는

알아두면 쓸모 있는 철학 상식 사전

베일이 아니다. 이 베일의 목적은 모든 사람을 그 자신의 특징인 인종, 사회적 계급, 성별 등 다양한 요소가 드러나지 않게 가려주는 것이다.

롤스는 사람들이 서로의 특징을 알지 못한다면 누군가가 특정 집단에 속한다는 이유로 권리나 특권을 빼앗아도 된다고 생각하는 경향이 사라질 것이라 생각했다. 예를 들어 내가 스스로 남자인지 여자인지 모른다고 상상해 보면, 여성을 희생시켜 남성에게 특권을 보장하자는 제안에 솔깃하지 않을 것이다. 왜냐하면 무지의 베일에 가려진 나 자신이 여성일 수도 있으니 말이다. 더 명확하게 얘기하자면, 무지의 베일과 원초적 입장은 정치적 과정에 우리의 생각을 더 명확하게 밝히는 수단으로써 만들어진 가설적인 상황이다. 그러나 롤스는 이런 가설적인 개념이 홉스나 로크와 같은 선대 정치철학자들의 주장과 궤를 같이한다고 생각했다.

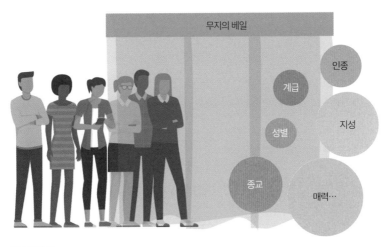

원초적 입장

원초적 입장의 조건

일반적인 상황에서 사회 속에 살아가는 사람들은 정치 시스템의 원칙을 자신이 속한 성별이나 인종 같은 소속감에 기반한 각자의 이해관계 위에서 선택한다. 무지의 베일은 다른 선택을 가능하게 한다. 자신이 처한 상황에 대한 지식이 없다면 사람들은 어떤 원칙을 선택할까? 롤스는 무지의 베일이 있다면 사람들이 가장 공정하고 누구에게도 치우치지 않은 정치 원칙을 선택하도록 이끌 것이라고 생각했다. 어쨌든 자신이 어느 그룹 소속인지 모른다면 사람들은 자신이 속하지 **않을** 수도 있는 특정 그룹에 특권을 보장하거나, 차별하거나, 심지어 자신이 **속할지도** 모르는 그룹에 해를 끼칠 수 있는 사회를 선택할 유인이 없기 때문이다. 이런 베일이 존재한다면 자신이 어떤 인종인지 알지 못하는 상태에서 그 아래에 선 사람들이 딱 한 종류의 인종에게만 투표할 수 있다거나 특정 인종만 재산을 소유할 수 있다는 법안을 선택할 것이라고는 보기 어렵다. 사람들은 자신의 이해관계를 알 수 없으므로, 긍정적인 면으로 살펴 이해를 따지지 않게 된다. 따라서 '원초적 입장'이라는 개념은 정치적 기획을 사회 통합 프로젝트로 전환할 수 있도록 개인의 이해관계를 초월하자는 것이다. 원초적 입장은 일종의 사회계약이다.

평등한 자유의 원칙

롤스는 만약 사람들이 역사적으로, 또 정치학적으로 등장했던 모든 대안을 살펴볼 수 있다면 두 가지 원칙에 기초해 원초적 입장을 결정할 것으로 생각했다. 첫째는 **평등한 자유의 원칙**, 둘째는 **기회균등의 원칙**이다. 평등한 자유의 원칙은 모든 사람이 기본적인 자유와 권

롤스의 정치철학은 지난 40여 년간 매우 영향력이 강한 사상이었다.

리를 부여받았음을 긍정하는 원칙이다. 기회균등의 원칙은 조금 더 복잡하지만, 목표는 정의로운 국가에서 발생할 수 있는 사회경제적 불평등을 줄이기 위한 것이다. 먼저 기회균등의 원칙을 상세히 살펴보자.

기회균등의 원칙

기회균등의 원칙이 보호하는 자유에는 어떤 것들이 있을까? 사상과 언론의 자유, 노예제로부터 해방될 자유와 직업을 선택할 자유처럼 개인으로서 자유로울 권리, 법적인 자유와 권리 등이 있다. 사람은 다른 어떤 이유도 아닌, 그저 사회에 인간으로 태어났다는 이유 하나만으로 이런 자유와 권리를 분배받고 소유한다.

　기회균등의 원칙은 앞서 언급한 평등한 자유의 원칙과 연관되어 있고, 그 원칙에 의존한다. 포괄적으로 볼 때 기회균등의 원칙은 사람들 사이에 불균형과 차이가 발생한다는 것을 인식하려 하며, 따라서 우리는 이렇게 발생하는 불균형이 공정한 차이라는 점을 확실하게 해야 한다. 롤스는 기회균등의 원칙이 어떻게 공정성을 증진할 수 있다고 생각할까? 이 원칙에는 몇 가지 부분이 있다. 여기에는 외부 재화의 분배를 어떤 방식으로 할지 고려하는 지점을 공유한다. 이때 외부 재화에 속하는 것에는 특정한 직업군이나 소득 등이 있지만, 권력이나 영향력도 여기에 속할 수 있다. 이런 상황에서 롤스가 경계하려는 것은 이런 재화가 성별이나 인종처럼 관련 없는 기준에 따라 특정한 사람들에게 편중되어서는 안 된다는 것이다.

기회균등의 원칙에서 또 다른 부분은 소수자 보호로, 이런 불균형이 그 사회의 소수 집단, 특권을 덜 가진 사람들의 삶을 나아지게 만들 때는 용인된다는 것이다. 프로 스포츠 팀의 매니저처럼 월급을 아주 많이 받는 사람의 예를 통해 생각해 보자. 이 사람이 받는 많은 급여는 금전적으로든 다른 수단을 통해서든 그 문화에 속한 특권을 덜 가진 사람들을 돕는 데 쓰인다면 용인될 수 있다. 이런 원칙에서 얻을 수 있는 분명한 결과는 특권을 가진 사람과 갖지 못한 사람들의 경우에는 부자와 빈자 사이의 불균형이 어쩔 수 없는 정도 이상으로는 커지지 않는다는 점이다.

평등한 자유의 원칙과 기회균등의 원칙은 둘 다 인류에게 좋은 것이 무엇인지에 대한 개인의 생각 아래 작동한다. 누군가 특정한 직업을 추구하고자 할 때, 그 사람은 두 원칙 중 어느 하나도 어기지 않는 한에서 그렇게 할 수 있다. 따라서 모두가 그런 위치에 올라갈 기회가 있으며 가장 어렵게 사는 사람도 그런 상황에서 도움을 받는다면 많은 급여를 받거나 큰 정치적 권력을 쥘 수 있을 것이다.

원초적 입장의 원칙들	
평등한 자유의 원칙	**기회균등의 원칙**
모든 사람은 기본적인 자유와 권리를 갖는다.	재화는 특정한 계급의 사람들에게만 주어져서는 안 된다.
	재화 소유의 불균등은 그 사회의 가장 어려운 사람들에게 도움이 된다는 전제하에 용인될 수 있다.

37

앎 또는 지식의 조건
게티어 문제

우리는 생각하고 스스로 확신하는 마음의 상태를 앎 또는 지식이라고 부른다. 그러나 우리가 안다는 사실을 어떻게 아는가? 우리 또는 다른 누군가가 지식을 갖고 있다고 말하기 위해 만족시켜야 하는 조건에는 어떤 것들이 있을까? 에드먼드 게티어(1927~2021)는 〈정당화된 참인 믿음은 지식인가?〉라는 논문을 쓰면서 이 문제를 찬찬히 들여다보았다.

정당화된 참인 믿음이란 무엇인가?

정당화된 참인 믿음 이론은 직관적으로 호소력이 있는 인식론이다. 근본적인 차원에서 이것은 지식을 달성했다고 할 때 충족해야 하는 필요충분조건을 제시하는 이론이다. 이 조건들이 충족되었을 때 우리는 지식을 갖추었다고 할 수 있다. 우리는 보통 믿음과 앎 사이에 구별을 둔다. 우리는 우리 집이 흰색이라는 걸 알지만, 신혼부부의 결혼 생활은 오래 갈 것을 믿는다고 말한다. 믿음과 앎의 구분은 중요도의 차이가 아니다. 우리는 집 외벽의 페인트 색보다는 결혼생활의 지속을 더 중요하게 생각한다. 둘 중 무엇을 더 확신하는지도 앎과 믿음을 가르는 조건이 아니다. 왜냐하면 우리는 집이 흰색이란 사실을 안다고 말하는 것보다 훨씬 열정적이고 헌신적으로 신에 대한 믿

알아두면 쓸모 있는 철학 상식 사전

음을 고백하기 때문이다. 이 예시에서 알 수 있는 앎과 믿음의 차이는 특정한 정도의 차이다. 앎은 믿음보다 확실성의 정도가 더 높다.

앎과 믿음 사이의 이 관계가 참이라면, 알고 있다고 확신해야 한다는 점에서 지식도 일종의 믿음이라고 볼 수 있다. 이제 살펴볼 게티어 문제에서는 이 관계를 더 찬찬히 들여다볼 것이다.

이제 정당화된 참인 믿음의 **참** 조건으로 초점을 돌려보자. 참이란 믿음이든 앎이든 우리 머릿속 생각이 아니라 현실에 실제로 존재하는 것을 가리킨다. 즉 내 집이 흰색이란 사실은 내가 그것을 흰색이라고 믿거나 그렇게 알고 있는 것과 상관없이, 그 집이 실제로 흰색일 때만 참이다.

정당화라는 마지막 조건은 처음 두 요소인 참인 믿음이 정당한 이유에 의해 그렇다는 점을 보장하는 조건이다. 참인 믿음을 옳은 이유로 견지한다는 것은 나 자신이 그 믿음을 우연이나 행운이 아니라 적절한 방법에 의해 갖게 되었음을 말한다. 어떤 친구가 나에게 막 강아지 한 마리를 데려와 기르기 시작했다고 말했다고 하자. 그녀는 강아지 종을 알려주지는 않았다. 그날 밤 내 꿈속에서 그녀가 코커스패니얼 강아지를 데려왔다고 해서, 그녀가 코커스패니얼을 기르기 시작했다고 생각하는 내 믿음이 정당화되었다고 할 수는 없다. 심지어 그녀가 정말로 코커스패니얼을 데려왔다고 해도 그렇다. 그녀가 코커스패니얼 강아지를 데려왔다고 내가 믿는 것이 정당화되려면, 다른 모든 가능한 설명 중에서도 그녀가 코커스패니얼을 데려왔다고 말했거나, 코커스패니얼 강아지를 내 눈으로 직접 보아야 한다. 순수한 우연으로 그녀가 코커스패니얼을 기르는 꿈을 꾼 것은 그녀가 해당 종류의 강아지를 가지고 있다는 나의 믿음을 정당화할 수 없다.

앎에 대한 정당화된 참인 믿음 이론		
정당화된	참인	믿음
믿는 내용에 대해서 적절한 정당화 과정이 있어야 함	믿는 내용이 실제 세계와 맞아 떨어져야 함	언급된 내용을 확실히 믿는 사람들이 있어야 함

정당화된 참인 믿음에 대한 게티어의 비판

앎이란 위에 언급된 조건들을 따라 구체적인 방식으로 정당화된 참인 믿음이라고 설명할 수 있다. 게티어가 자신의 문제의식을 밝혔을 때 비판하고자 했던 것이 바로 이런 이론이다. 게티어는 이런 조건들이 충족되었을 때에도 앎이 성취되지 않을 수 있다는 점을 문제로 제기했다. 믿음과 결합한 정당화와 사실은 앎을 확립하기에 충분한 조건이 아니다.

스미스와 존스의 경우

게티어가 묘사한 첫째 상황은 다소 이례적이다. 승진자 명단에 오른 스미스란 사람이 있다고 하자. 명단에는 존스라는 다른 지원자도 있다. 스미스는 이 새로운 포지션에 무척 올라가고 싶어 하지만, 그 자리에 적합하지 않다고 여겨지는 요소도 상당 부분 있다. 회사 대표는 스미스에게 사실 존스가 그 자리로 승진하게 되었다고 이야기한다. 하필이면 그날 아침 스미스는 존스에게 빚진 동전 열 개를 준 상황이다. 즉 스미스는 존스가 주머니에 동전 열 개를 넣는 것을 직접 보았으므로, 존스의 주머니에 동전이 열 개 있다는 점을 알고 있다. 스미스는 회사 대표가 말해준 내용('존스가 승진하게 되었습니다')과 존스의 주머니에 동전 열 개가 있다는 자신이 알고 있는 내용을 결합해 속으로 생각한다. '주머니에 동전이 열 개 있는 사람이 그 포지션을 얻는 구나.' 아직까지는 이 특이한 시나리오에 논리적인 문제가 없다. 스미스는 주머니에 열 개의 동전을 가진 남자가 승진한다는 생각을 정당하게 믿고 있다.

바로 이 지점에서 게티어는 앎과 정당화된 참인 믿음에 문제를 제기한다. 사실은 대표가 말해준 것과 반대로 존스가 승진 기회를 얻지 못한 것이다. 승진하게 될 행운의 주인공은 스미스가 되었다. 또 스미스는 자신도 역시 주머니에 동전 열 개를 가지고 있다는 사실을 인지하지 못하고 있었다는 점에도 주목해야 한다. 이때 우리는 스미스의 추론을 검토했을 때 그가 정당화된 참인 믿음을 가지고 있었다는 점을 알 수 있다. 그는 '주머니에 동전 열 개를 가진 사람이 승진한다'는 믿음을 가지고 있었고, 신뢰할 만한 정보의 원천인 회사 대표가 그렇게 믿을 만한 정보를 주었으니 이 믿음은 정당화되었다. 동시에 이는 참이기도 했다. 왜냐하면 결과적으로 주머니에 동전 열 개를 가진 사람이 그 포지션을 얻었기 때문이다. 그러나 이 모든 조건이 충족된다고 해도, 우리는 스미스가 앎을 가졌다고 생각하지는 않는다.

게티어 문제의 간단한 예시

더 간단한 예시로, 누군가 차창 밖을 바라보다가 흰 털이 복슬복슬한 동물이 풀을 뜯는 것을 보았다고 하자. 아마 그 사람은 자신이 본 동물을 양이라고 생각할 것이다. 그런데 사실 그 동물은 양이 아니라 박스를 잘라서 양처럼 만든 것이었다. 그러나 그 모형 뒤에는 진짜 양이 숨어 있었다. 그러니까 순전히 운에 의해서 이 사람은 자신이 양을 보았다고 하는 것에 정당화된 참인 믿음을 갖게 되었다. 그러나 그 사람이, 자신이 양을 보았다는 점을 **알고 있다**고 말하기는 어렵다.

이런 예시뿐 아니라 '게티어 문제'라고 불리는 다른 예시들이 많이 등장하여 정당화된 참인 믿음이라 하더라도 앎이 될 수는 없다는 점을 보여주었다. 앎 또는 지식을 설명하는 데에는 이 조건들 외에 다른 것이 존재한다는 것이다.

차창 너머로 언덕 위를 바라보는 사람은 자신이 양을 보고 있다는 믿음을 정당화할 수 있을까?

알아두면 쓸모 있는 철학 상식 사전

38

세계를 바라보는 패러다임의 전환
쿤의 혁명 개념

과학철학은 철학의 독립적인 주제로서 20세기 후반, 비교적 최근에 뿌리내리기 시작한 분야다. 그렇다고 해서 이 분야에서 다루는 주제들이 중요하지 않거나 주변적이라는 뜻은 아니다.

사실 과학철학이 다루는 주제들은 우리가 당연하게 받아들이는, 세계를 보는 방식을 근본적으로 짚어내기 때문에 아주 중요하다고 볼 수 있다. 우리가 우리 외에 다른 것을 판단하고 인식하는 다양한 전제들이 드러나지 않는 방식으로 존재한다는 것은 개념적으로 중요하다.

쿤의 '패러다임 전환' 개념도 보편적으로 사용되고 있다.

지식과 이론

토머스 쿤(1922~1996)은 《과학혁명의 구조》를 집필하는 동안 이와 매우 비슷한 생각을 했다. 그는 해

자연선택의 패러다임은 핀치새의 부리 변이를 설명하기 위한 맥락이다.

석되지 않은 사실을 받아서 설명하는 과학 자체라는 것은 한 번도 존재한 적이 없다고 주장하며 포문을 연다. 사실 일반적인 과학은 전제와 믿음의 체계, 그리고 과거에도 있던 관행을 포함하며, 모든 정보는 이 모든 가정의 필터를 거친다. 이 말은 과학적 실천이 편향되었다는 말이 아니라, 과학이 근거하고 있는 정보가 그 자체로 받아들여지지 않는다는 점을 인정하는 것이다. 이것을 과학 용어로 바꾸어 말하면 우리가 직접 관찰한 내용과 얻은 결과를 설명하기 위해 반드시 알맞은 이론의 틀을 빌린다는 것이다.

이론과 패러다임

이런 점에서 이론은 한 가지 과학적 성과를 활용하여 연구를 안내하는 것만큼 간단할 수 있다. 이렇게 다음 세대의 과학자들이 더 폭넓은 연구를 할 수 있는 기반이 된 과학적 업적으로는 찰스 다윈이 제시한 자연선택 이론을 들 수 있다. 쿤은 자연선택 이론이 이런 역할을 수행한 것을 일컬어 '**패러다임**'이라고 칭했다. 패러다임이란 특정한 과학적 모델 아래서 과학적 실천이 이루어지는 것을 가리키며, 앞서 언급한 자연선택 이론이 예가 될 수 있다.

연구 중인 주제를 이해하기 위해서는 과학적 패러다임이 필요하다. 즉 갈라파고스섬에 사는 핀치새의 부리가 다양한 양상으로 나타나는 것은 '**자연선택**'이라는 패러다임 아래 각각의 새 종류가 견과류를 깨부숴 먹거나 곤충을 잡아먹는 등 환경에 맞게 각자 먹는 방식이 달라지면서, 자연선택에 따른 적응이 일어난 결과라고 설명한다.

패러다임 개념은 설득력 있는 설명을 주었으므로 더욱 널리 퍼진 개념이 되었다. 이는 또한 패러다임이라는 개념 자체도 처음보다 더 정교한 설명과 정의를 갖게 되었다는 것을 의미한다. 한편 패러다임에 데이터와 날것의 정보를 끼워 맞추는 문제도 제기되었다. 이는 과학적 패러다임이라는 틀 안에서 퍼즐을 푸는 것처럼, 이렇게 넓은 틀 안에서 해결하고 이해해야 하는 문제들에 비유할 수 있다.

변칙점과 패러다임

주어진 패러다임 안에서 모습을 드러내는, 해결할 수 있는 어려움을 의미하는 퍼즐 풀이와 패러다임을 확장하는 일반적 연구에 덧붙여, 변칙점이라는 것도 존재한다. 변칙점은 과학적 발견을 위한 연구를 수행하는 정상적인 과정 속에서 등장한다. 변칙점을 통해 드러나는 문제는 간단히 말하면 현재의 패러다임 안에서 설명될 수 없다. 모든 패러다임에는 변칙점이 존재한다. 때때로 지속적으로 등장한 변칙점은 패러다임 내부로 흡수되기도 하지만, 변칙점이 많이 두드러지는 경우에는 패러다임에 일종의 위기를 가져오기도 한다.

패러다임의 위기

패러다임의 위기는 기존의 이론적 틀 안에서 해결하거나 설명할 수 없는 변칙점에 의해 찾아올 수 있으며, 이런 위기 상황은 종종 꽤 오랜 시간을 끌기도 한다. 현재의 패러다임이 변칙점을 해소할 수 없을 때, 새로운 규칙을 가진 새로운 패러다임이 이 변칙점을 설명하기 위해 수립되기도 한다. 만약 새로운 패러다임이 이전 패러다임이 설명하지 못하던 변칙점을 성공적으로 설명한다면, 오래된 패러다임은 새로운 패러다임으로 대체될 수 있다.

패러다임-주어진 영역에서 데이터를 합리화하기 위해 적용하는 과학적 모델		
패러다임	**데이터**	**설명**
자연선택	갈라파고스 군도에 사는 다양한 핀치새의 부리들	부리 모양은 각각의 핀치새 종류들이 다양한 먹이에 적응한 결과다.

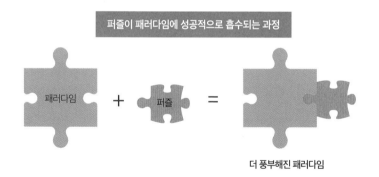

퍼즐이 패러다임에 성공적으로 흡수되는 과정

패러다임 + 퍼즐 =

더 풍부해진 패러다임

패러다임 전환

새로운 패러다임으로의 전환이라는 것이 정말로 존재한다면, 새로운 패러다임은 오래된 패러다임과 양립할 수 없기에 기존의 패러다임은 부분적으로, 또는 통째로 대체된다.

쿤은 이러한 패러다임 대체 과정을 정치적 공동체를 이룬 사람들이 이전 체제에 반기를 들고 정치적 혁명을 일으키는 것에 비교했다. 정치적 혁명과 과학의 패러다임 전환은 평행하게 유사한 지점이 있다. 기존 패러다임이든 새로운 패러다임이든 둘 중 하나를 선택해야 한다.

쿤은 기존의 패러다임을 거부하고 새로운 패러다임을 받아들이는 것을 '과학혁명'이라고 불렀다. 그는 이 과정을 널리 알려진 표현인 **'패러다임 전환**pradigm shift'이라고 부르기도 했다. '혁명'이란 단어가 보여주듯이, 과학혁명은 사람들이 세계를 바라보는 관점에 근본적인 변화를 일으킬 수 있다. 이는 과학혁명이기도 하지만 동시에 인지 혁명이자 심리 혁명이기도 하다. 다윈 이전의 생물학자들은 고래의 고관절을 무시하는 경향이 있었다. 그러나 다윈 이후 생물학자들이 진화의 관점에서 고래의 골격구조를 해석하게 되면서 그것을 고래의 먼 조상이 태초에 가지고 있었지만 지금은 퇴화한 흔적으로 이해하게 되었다. 이는 패러다임이 데이터를 처리하고 이해하기 위해 필수적이라는 것을 보여주는 좋은 예시다.

우리가 가진 정보가 그 자체로 직접 입을 열지 않으며 특정한 렌즈로 정보를 해석하고 정제하는 과정을 거쳐야만 한다면 우리는 렌즈를 바꿔 낄 수 있고, 새로운 렌즈를 통해 이전의 것을 완전히 새로운 방식으로 다시 볼 수 있으며, 이전에는 보지 못한 새로운 것들을 볼 수도 있다는 의미다.

과학의 진보

쿤이 제기하는 마지막 문제의식은 그가 혁명이라고 언급한 것에서 이어지는 '과학의 진보'라는 개념이다. 그는 진보가 정의상 과학의 개념에 긴밀하게 연결되어 있다고 보았다. 다만 놀랍게도 그는 패러다임 전환이 과학자들을 진실에 더 가까워지게 한다고는 생각하지 않는다. 이런 과정들을 거치면서 과학적 실천은 더욱 정제되고, 더 적절하고 상세한 설명을 할 수 있게 된다는 것이 쿤의 주장이다.

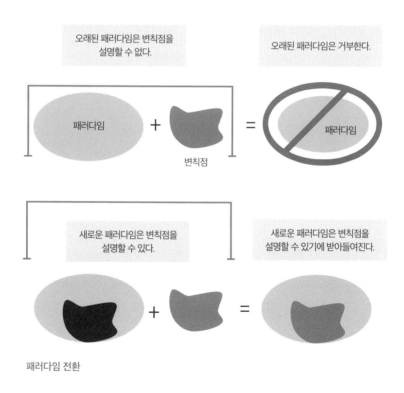

패러다임 전환

39

인공지능은 자신이 하는 일을 이해하는가
설의 중국어 방

존 설(1932년 출생)은 기계가 의미 있는 지성을 가질 수 있다는 생각을 반박하기 위해 고안된 사고실험인 중국어 방 실험을 착안했다. 이 사고실험은 기계가 생각을 할 수 있느냐는 질문, 그중에서도 컴퓨터가 튜링 테스트를 통과할 수 있느냐는 질문과 밀접하게 연관되어 있다.

튜링 테스트는 컴퓨터의 지능이 인간의 지능과 구별될 수 있는지 시험하는 과정을 요약한 것이다. 이 테스트에서 심판자는 인간으로, 컴퓨터가 진정으로 인간의 마음을 가지고 있는지 판단하는 것이 아니라, 최소한 인간 관찰자를 만족시킬 만큼 인간 정신을 모방할 수 있는지를 확인하는 것이다.

중국어 방 개념 간단하게 보기

설의 중국어 방에 대해서는 복잡하고 섬세하게 설명할 수 있지만, 여기에서는 이 사고실험의 핵심만 간단하게 말하려 한다. 중국어 방 사고실험의 설정은 말 그대로다. 당신이 오직 영어만 말할 수 있다고 가정해 보자. 당신은 중국어가 가득 적힌 방 안에 혼자 앉아 있다. 방

설은 컴퓨터가 사고하거나 지능을 가질 수 없다는 점을 보여주고자 사고실험을 생각해 냈다.

에 적힌 한자들은 당신이 중국어를 쓸 수 있게 분절되어 적혀 있다. 게다가 당신 옆에는 다양한 중국어 용례를 찾아볼 수 있는 영어로 된 규칙집이 놓여 있다.

지금 당신은 중국어를 하나도 모르기 때문에 이 한자들이 상징이나 이상한 낙서 정도로만 보일 것이다. 상황을 직접 겪으면서 알게 되겠지만, 당신은 영어 규칙집을 활용해 각각의 상징을 어디에 대응시킬지 파악하여 중국어로 주어진 질문에 중국어로 답변할 수 있다. 중국어를 하나도 하지 못하기 때문에 구체적으로 질문의 내용이 무엇인지는 전혀 이해하지 못하더라도 말이다. 즉 이 규칙집은 이 한자가 꽃을 뜻하고 다른 한자가 자동차를 뜻한다거나, 이 구절이나 문장이 무엇을 의미한다는 식으로 해석에 도움을 주는 수단이 아니다. 당신은 이 과정 전체가 무엇을 뜻하는지 파악할 수 없다. 당신은 규칙집을 보고 그림을 따라 그리는 것 이상은 할 수 없다.

이 모든 과정이 끝나고 나면 드라마틱한 순간이 도래한다. 당신이 혼자 있던 방에 누군가 들어와 방 바깥의 사람이 중국어로 방금 쓴 무언가를 당신에게 건넨다. 이제 당신은 작업에 돌입한다. 건네받은 종이에 쓰인 것들을 확인하고, 규칙집을 참고해 거기 쓰인 상징들을 다른 상징과 연결하여, 주어진 질문에 대해 대답을 만들어 낸다. 아까 건네주러 온 사람이 다시 들어와 당신의 답변을 받아 방 바깥의 질문자에게 건넨다. 이 과정은 계속되고, 당신은 방 바깥의 사람과 기나긴 대화를 하게 된다.

중국어 방은 이해를 요구하지 않는다

앞서 묘사한 대로, 그 상황이 이야기를 포함하는지, 구직 면접인지 별 의미 없는 대화인지에 상관없이, 명백히 당신은 중국어의 내용이나 의미를 하나도 이해하지 못했다. 당신은 중국어를 전혀 이해하지 못했어도 그 작업을 해냈다. 설은 컴퓨터나 기계의 정보 처리가 방금 언급한 이야기와 전혀 다르지 않다고 말한다. 기계는 **주어진 명령에 따르는 것**만을 할 수 있다. 이 말은 컴퓨터가 코드나 프로그램의 형태로 주어진 규칙에만 의존하면 될 뿐, 스스로 무엇을 하는지 이해할 필요가 전혀 없다는 것이다. 위 실험에서 중국어를 하나도 이해하지 못하지만 우리가 옳은 답변을 중국어로 제시할 수 있었던 것처럼, 컴퓨터는 특정한 인풋이나 질문이 있으면 자신이 참고할 수 있는 디지

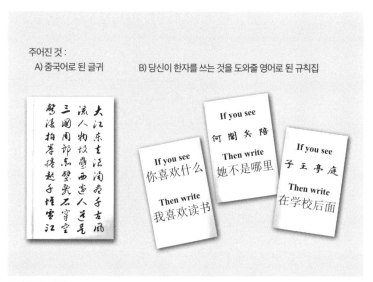

주어진 것 :
A) 중국어로 된 글귀
B) 당신이 한자를 쓰는 것을 도와줄 영어로 된 규칙집

중국어 방 실험

털 자료집이라고 부를 만한 것을 통해 성공적으로 옳은 답변을 내놓을 수 있다.

중국어 방에 대한 설의 관점을 따르면, 이는 컴퓨터가 기계적으로 규칙을 따를 뿐이므로 스스로 무엇을 하는지 알지 못한다는 단순한 사례로 그치지 않는다. 중국어 방 예시는 컴퓨터 인공지능을 확고하게 증명하는 다른 논증에도 원칙으로서 적용되어야 한다. 지능에 대해 이야기할 때는 단순히 데이터를 옳게 처리하는 것 이상의 무언가에 대한 설명이 있어야 한다. 컴퓨터는 알거나 생각하거나 이해하지 못하고, 그저 기계적인 방식으로 복종할 뿐이며, 그것이 그저 규칙을 따르는 한 앞서 언급한 지성적 능력을 갖추게 되는 것은 불가능하다. 더 나아가 기계나 컴퓨터의 정의상 프로그램의 규칙을 따르는 것은 기본이므로, 컴퓨터가 원래 작동하는 방식으로 작동하지 않도

C) 방 밖에서 전달된 새로운
중국어 질문지

D) 당신은 질문지와 규칙집을 활용해
중국어 답변을 성공적으로 써낸다.

록 요구하는 것은 지나친 일이기도 하다.

설의 중국어 방에 대한 대답

중국어 방 사고실험에 대한 답변 한 가지는 이 실험에 참여한 사람이
중국어에 무지하다는 사실은 인정하면서도, 동시에 높은 차원에서
이해가 이루어졌다고 주장하는 것이다. 상징을 따라 그린 사람이 중
국어를 모른다는 점은 사실이지만, 텍스트와 규칙집과 참여한 사람
등 **총체**로서의 중국어 방은 무슨 일이 벌어지고 있는지 이해했다는
말이다. 설은 실험에 참여한 사람이 규칙집의 모든 정보를 암기해서
외부 요소에 의존하지 않을 수도 있다고 하면서 이 의견이 좋은 논박
이 될 수 없다고 생각한다. 그가 자기 머릿속에 모든 정보를 넣었다
하더라도, 그 사람은 여전히 그 각각의 문자가 무엇을 의미하는지 모

르기에 중국어를 이해할 수 없다.

중국어 방 논증은 생각, 의도, 의식과 자각에 관련한 주제를 불러온다. 우리가 무엇을 하는지 자각하는 것이 우리가 하는 일을 이해하는 데 핵심적인가? 우리는 이를 당연하게 받아들이는 것 같다. 이는 우리가 컴퓨터 **안**에서 무슨 일이 일어나고 있는지 말할 때, 마치 인간의 마음이 어떻게 작동하는지 말할 때처럼, 정신적 활동은 우리 앞에 드러나지 않는다는 점을 보여준다. 그래서 컴퓨터의 작동을 이야기할 때 우리는 우리 경험에 빗댄 비유적인 표현을 사용하는 경향이 있다. 이는 또한 우리가 다른 사람을 관찰하는 상황에서도 우리는 그 사람이 무슨 생각을 하는지 접근할 수 없다는 점, 그래서 서로 이해하며 행동하는 것처럼 보이는 상황이라 해도 사실 누군가는 전혀 그 내용을 이해하지 못한 채 그저 활동을 수행하고 있을 수도 있다는 점을 보여준다.

40

물질의 작용이 어떻게 의식을 낳는가
차머스의
철학적 좀비

좀비린 어떤 존재인가? 책과 영화에 등장하는 무시무시한 생명체라는 점을 넘어서, 철학자들은 단지 육체적인 것 너머에 다른 무언가가 있다는 점을 보여준다는 점에서 좀비라는 개념에 끌렸다. 좀비에 대한 일반적인 설명은 마음 없이 몸만 되살아난 존재라는 식으로, 확실히 육체적인 측면에만 주목하고 있긴 하다.

좀비를 철학적으로 설명하는 것도 이와 유사하다. 마음이 없다는 좀비의 특징에 주목해 우리 인간이 어떻게 피와 살과 뼈, 전기 신호를 주고받는 뉴런으로 구성된 존재 이상인지 조명하는 것이다.

유물론에 대한 거부로서의 좀비

철학적 좀비는 반례 자체로서, 특정한 믿음이나 논증을 반박하는 사례로 쓰인다. '모든 새는 날아다닌다'의 반례는 펭귄이다. 펭귄 자체가 모든 새는 날아다닌다는 주장을 반박하는 충분조건이 된다. 철학적 좀비는 유물론 또는 물리주의를 반박하는 반례로 쓰인다. 유물론은 간단히 말해 존재하는 모든 것이 물질로 이루어졌거나 물리적이

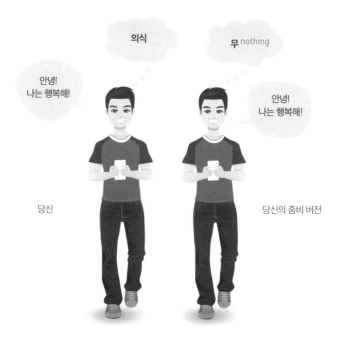

라는 믿음이다. 유물론은 보이지 않거나 비물질적인 영혼이 있을 가능성을 제외하며, 우리의 어떤 정신적 상태도 궁극적으로는 물질적 상태에 지나지 않는다고 주장한다. 철학적 좀비 개념은 이렇게 정신적인 것을 물리적인 것으로 환원하는 것을 반박하고자 하는 논변이다.

좀비를 인식하기

그럼 이제 좀비를 상상해 보자. 그리고 그들이 의식과 다른 마음 상태의 본질에 대해 우리에게 무엇을 말해줄 수 있을지도 생각해 보자. 좀비는 우리와 같은 특징을 모두 갖고 있으며, 생물학적이나 물리적으로도 우리와 신체구조가 같다. 이렇게 좀비를 상상할 때 중요한 점은 이런 유형의 철학적 좀비는 할리우드 영화의 좀비 묘사와는 다르다는 것이다. 철학적 좀비는 다른 인간과 물리적으로 동일해서, 겉모습만으로는 구별할 수 없다. 인간과 좀비가 물리적으로 같다면 좀비가 우리와 다른 점은 무엇일까? 좀비는 의식적 경험을 할 수 없다는 점이 다르다.

데이비드 차머스(1966년 출생)는 이전의 철학 저서에서 좀비가 활용된 사례들을 기반으로, 좀비를 우리와 물리적으로 동일하지만 의식이 없는 존재라고 인식하는 것 자체가 유물론이 틀렸다는 증거라고 생각한다. 달리 말해 좀비가 가능하다면 유물론이 옳지 않다는 뜻이다.

철학적 좀비가 어떻게 유물론이 틀렸다는 것을 보여준다는 것인지 아직 명확하지 않다면, 평범한 인간을 좀비에 비교하는 것으로 결론을 내릴 수 있다. 우리가 알고 있는 좀비처럼, 당신과 육체적으로 똑같이 생겼지만 의식은 없는 '개인 맞춤형 좀비'를 생각해 보자. 이 좀비는 겉모습이 닮은 것을 넘어 인간의 모든 물리적 특성을 지닌 채 당신처럼 움직이고 말하고 행동하지만, 의식은 없다. 당신은 좀비와는 다르게 의식을 지니고 있다. 이 말은 좀비에게는 없지만 당신의 의식에는 무언가가 존재하며, 그 무언가는 비물리적이라는 이야기다.

여기에서 가장 중요한 부분은 유물론자들이 모든 '의식적 경험'을 시냅스의 작용 및 기타 화학적으로 뇌에서 발생하는 물리적이거나 물질적 조건의 작용이라고 주장한다는 점이다. 이는 더하지도 빼지도 않고 의식이 정확히 인간 뇌의 물질적 작용과 같다고 동일시하는 것이다. 차머스가 보기에, 유물론자들은 물리적 질료가 정렬된 방식이 우리가 알고 있는 의식적 경험을 어떻게 만들어 내는지 설명할 수 있어야 한다. 그는 정신적이고 경험적인 특징이 우리가 세계를 자각하는 방식에서 전적으로 물리적인 우리 육신의 작용으로 어떻게 환원되는지, 유물론자들이 설명할 수 없다고 생각한다.

철학적 좀비에 대한 반박

누군가는 이 사고실험에 대해, 우리와 물리적으로 모든 면에서 같지만 의식만 결여한 좀비가 존재하기는 불가능하다고 지적했다. 이들은 평범한 인간이 가진 물리적 조건과 육체를 갖추고 있다면 좀비 역시 인간이 가진 의식을 똑같이 가질 것이라고 힘주어 주장한다. 이들에 따르면 의식이란 두뇌에서 발생하는 물리적인 생화학의 결과이기 때문이다.

이들은 '반-좀비' 개념이 우리가 우리 육체와 똑같은 신체적 특징과 의식까지 있는 좀비를 상상할 수 있다는 점을 보여준다고 말한다. 우리는 '반-좀비'를 상상할 수 있으므로, 결국 철학적 좀비가 불가능하다는 말로 이어진다. 어쨌든, 이런 사고실험은 실험을 창안한 사람이 주장하는 내용을 타인이 상상할 수 있다는 점에 의존하고 있다. 그리고 사람들이 사고실험을 생각해 볼 수 있다는 자체가 사고실험을 가능하게 하기에, 이런 논증의 영향력을 흐트러뜨리는 가장 쉬운 방법은 사고실험에서 생각해 보라고 제시된 내용이 사실은 '생각할 수 없는 것'이라고 주장하는 것이다.

엄청나게 지능이 높은 미생물

우리와 육체적으로 모든 면에서 동일하지만 의식만 없는 철학적 좀비 논증을 이해하기 어렵다면, 차머스가 제시한 또 다른 개념을 생각해 볼 수 있다. 엄청나게 지능이 높은 미생물이 당신의 뇌에 침입했다고 상상해 보자. 엄청나게 작은 이 존재들은 당신 정신의 모든 신경학적 기관들을 전자도 기계도 아닌 이 작은 생명체들로 대체하려고 한다. 즉 이제 당신의 뇌는 뉴런으로 작동하는 것이 아니라 뉴런의 자리를 대체한 미생물들로 작동하게 되며, 이 작디작은 생명체들은 원래 뉴런이 서로 소통했던 것처럼 뉴런이 하던 역할을 똑같이 열심히 수행한다. 뉴런 역할을 하는 이 작은 생명체들의 네트워크를 의식적이라고 할 수 있을까? 아마 당신은 이 작은 생명체들의 모임이 의식이 될 수는 없다고 생각할 것이다. 어려운 문제다. 이 작은 존재들이 집합으로서 의식이 있다고 상상할 수 있는가?

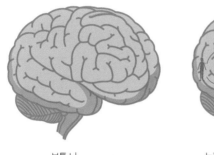 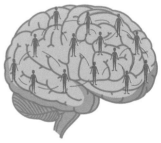

보통 뇌   뉴런 대신 작은 존재들이 있는 뇌

작은 생명체들로 이루어진 뇌가 보통의 뇌처럼 의식을 가질 수 있을까?

작은 생명체들로 이루어진 뇌

41

삶은 단순한 경험 그 이상이다
노직의 경험 기계

로버트 노직(1938~2002)은 저서 《무정부, 국가, 유토피아》에서 실체의 본질과 우리가 맺고 있는 관계와 그것을 향한 태도를 주제로 설득력 있는 사고실험을 제시했다. 세부 사항은 쉽게 이해할 수 있다. 우리는 경험 기계를 상상해 볼 것이다.

명석한 심리학자들이 현실을 정밀하게 구현하는 이 특별한 기계를 발명했다. 사실 우리는 머리에 전극이 연결된 상태로 탱크를 떠다니는 중이다.

이런 환경에서, 기계 속에서 어떤 경험을 하든지 그것은 우리의 경험이다. 우리는 프로 운동선수가 챔피언십 우승을 하는 경험이나 화가가 길이 남을 역작을 그리는 경험, 더 나아가 고대 로마 제국의 대전차 경기장 관중이 되는 경험을 할 수도 있다. 이 기계의 가장 중요한 특징은 기계 속에서 경험하는 현실이 가상현실에 불과하다는 사실을 우리는 인식하지 못한다는 것이다. 몰입감 넘치는 비디오 게임과 다르게, 당신은 자신이 기계 속에 들어가 있다는 점을 알지 못한다. 기계 속에 머무르는 한 당신은 그저 만족스러운 경험을 할 수 있다. 그 기계

알아두면 쓸모 있는 철학 상식 사전

에 들어갈 것인지 아닌지를 묻는 노직의 질문은 엄청난 철학적 관심을 불러일으켰다.

우리는 경험 기계를 거부해야 한다

노직은 우리가 경험 기계를 받아들이지 말아야 한다고 생각한다. 그는 우리가 그 기계에 들어가지 않아야 할 몇 가지 이유, 최소한 이 경험 기계가 실제 삶보다 좋지 않은 이유를 고찰한다. 노직은 경험 기계에 대한 전체적인 설명 틀을 짤 때 매우 구체적인 맥락에서 설명하는 데 주의를 기울였다. 그가 중요하게 생각해 두 번이나 언급했던 지점은 우리가 그 '속에서' 경험하는 것 이상의 차원을 고려해야 한다는 것이다. 결국, 우리가 내재적으로 느끼는 주관적인 경험으로만 인생의 가치를 따진다면 경험 기계를 거부하기 어려울 것이다.

경험 기계를 거부해야 하는 이유 하나, 경험 vs. 행동

경험 기계를 거부하는 데 노직이 특별히 고려하는 것이 있다. 이 고려사항 중 첫째는 경험과 행동을 구분하는 것이다. 우리는 어떤 활동을 경험하기 위해 그 활동을 하고 싶어 한다. 노직은 왜 둘을 구분하는지 이유는 설명하지 않는다. 하지만 활동에 수반되는 경험을 원한다는 것이 당연한 전제이므로 우리는 왜 그렇게 구분하는지 질문할 수 있다.

우리는 무언가를 실제로 하거나 그것과 연관된 방식으로 몸을 움직일 때만 경험할 수 있다고 생각하는 경향이 있다. 그러므로 엄청난 모험을 하는 꿈을 꾸거나 훌륭한 영화를 보았을 때는 실제로 그것을 경험했다고 생각하지 않는다. 오히려 우리는 현실에 못 미치게 현실을 재현한 무언가를 경험했다고 생각한다. 영화나 꿈에서 우리가 무언가를 경험했다고 해도, 우리가 실제 세상에서 직접 몸을 움직여 참여한 활동에는 미치지 못한다.

경험 기계를 거부해야 하는 이유 둘, 인간됨의 의미

노직이 경험 기계를 거부하는 둘째 이유는 우리가 인간으로서 어떤 사람인지에 가치를 두기 때문이다. 노직이 보기에 경험 기계에 들어가면 우리는 그 순간부터 탱크에 떠다니는 육체에 불과하기 때문에 인간이 되기를 그만두는 것이라고도 볼 수 있다. 우리를 규정하고 정의하는 것은 기계 속에서 에베레스트를 등반하거나 미지의 행성을 탐험하는 경험 비슷한 것을 하는 것이 아니라, 탱크 속의 '떠다니는 덩어리'다.

경험 기계를 거부해야 하는 이유 셋, 한계

마지막 이유는 경험 기계가 가진 편협함과 한계 자체다. 어떤 이는 경험 기계와 같은 발명품은 사람이 할 수 있는 경험의 지평을 무한대로 넓힐 수 있으므로, 우리의 경계를 확장한다고 생각할지도 모른다.

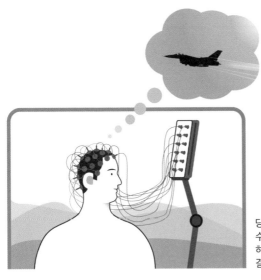

당신은 현실과 전혀 구분할 수 없는 놀라운 경험을 제공하는 기계에 자신의 몸을 연결할 것인가?

경험 기계

그러나 노직은 그렇게 생각하지 않는다. 그가 보기에 우리의 모든 경험은 본질적으로 우리에 의해 정해지고, 인간이 관여하는 부분을 넘어서는 접촉은 없다. 우리가 인간으로서 느끼는 욕구와 필요에는 무관하며 위험할 수도 있는, 예상치 못한 미지의 현실에서 이루어지는 진정한 상호작용에는 한계가 있다.

경험과 쾌락

노직이 직접 쾌락을 언급하지는 않지만, 경험 기계 사고실험은 쾌락 추구에 집중하는 삶의 양식을 비판하려는 그의 의도가 반영된 것이라고 해석되곤 한다. 이후의 저서에서 노직은 경험 기계를 한 번더 언급하는데, 그때는 실험에서 언급되는 행복의 개념을 쾌락과 등

노직은 우리가 현실과 맺는 관계에는 단순한 경험 이상의 요소가 있다고 생각했다.

치한다. 그가 언급하는 행복의 개념이 경험 기계가 제공하는 내재적 경험에 대응되므로, 그 경험은 쾌락과 같다고 볼 수 있다.

노직은 또 다른 저서 《검토된 삶The Examined Life》에서 남은 평생을 경험 기계 속에 들어가 살기를 선택할 것이냐는 질문을 다시 한번 던진다. 약간 변형된 이 질문에서, 노직이 인생에는 단순히 행복을 경험하는 것 이상의 요소들이 있다고 보는 것을 알 수 있다. 이 요소 중 하나는 우리가 기쁘게 이끌어 가는 삶의 질적인 측면이다. 노직은 우리가 단순한 동물처럼 생각 없이 쾌락만을 추구하는 활동을 하며 편협한 삶을 살아가기보다는, 깊이 있는 삶을 선호해야 한다고 말한다. 깊이가 얕은 삶을 살든 깊이 있는 삶을 살든, 경험하는 쾌락이 비슷하다고 해도 말이다.

이렇게 질적인 삶이 강조되기 때문에, 우리는 인생에는 쾌락 외에도 가치 있는 것들이 존재한다고 생각하게 된다. 노직은 이 점에 주목하여 우리는 내재적인 삶뿐만 아니라 외재적인 삶도 중시해야 한다고 말한다. 우리가 어떻게 살아가는지, 그리고 그 삶을 얼마나 중요하게 생각하는지는 우리가 살아가는 세계와 어떻게 상호작용하는지에 상당 부분 달려 있다. 세상이 이러저러했으면 좋겠다고 바라기보다 실제 세상이 어떠한지를 진지하게 받아들인다는 것은 우리가 진실을 중시한다는 점을 보여준다.

결론적으로, 경험 기계는 우리가 보고 싶은 행복이나 즐거움을 보여준다고 말할 수 있다. 그리고 우리는 행복과 즐거움을 경험하고 싶어 한다. 하지만 그 행복이 전기 자극으로 만들어진 완벽한 세계에 대한 상상이 아니라, 불완전한 세상을 직접 살아가며 얻는 것이기를 바란다.

42

박쥐는 세상을 어떻게 경험할까?
네이글의
박쥐의 경험

토머스 네이글(1937년 출생)의 〈박쥐로 사는 것은 어떤 것일까?〉라는 도발적인 제목의 논문에는 관점이 주어진 상황에서 삶을 경험할 때 전적으로 주관적인 특성을 조명하고자 하는 사고실험이 등장한다. 더 폭넓은 관점에서 말하자면 이는 심신 문제, 즉 인간의 마음이 그저 육체적인 것인지 아니면 의식처럼 단순한 물질로 환원할 수 없는 비물리적인 측면에서 설명되어야 하는 것인지와 연관되어 있다.

현상학으로서 경험

일인칭 시점에서 무언가를 경험하는 것이 무엇을 의미하는지, '나'라는 관점에서 세계를 향해하고 세계와 상호작용하는 것이 무엇인지는 **현상학**이라는 철학 분야에서 주요하게 다루는 주제다. 주체에게 세상이 어떻게 드러나는지를 다루는 현상학은 우리가 세계를 생각하고 느끼는 경험을 다룬다. 간단히 말해 현상학은 우리를 우리로 존재하게 하는 생물학적, 심리적, 문화적인 영향들이 반영되어 삶을 살아간다는 것이 내재적으로 무엇을 의미하는지 그 총체를 다룬다.

현상과 객관적인 세계 사이에는 구별되는 지점이 있는데, 객관적

알아두면 쓸모 있는 철학 상식 사전

인 세계는 물리적인 것을 포함해야 하고, 현상은 주관적인 상태로서 정신적인 것이라는 점이다. 네이글이 주장하듯 이는 정신적인 현상이 특정 관점을 통해 경험되는 것으로서 그저 물리적인 것이라는 관점으로는 전체적으로 설명될 수 없다는 점을 보여준다.

왜 박쥐인가?

이렇게 구별되는 지점을 더 상세하게 보여주기 위해 네이글은 박쥐의 경험을 생각해 보자고 제안한다. 네이글이 박쥐를 예시로 드는 이유는 대부분의 사람이 곤충 같은 생물보다는 박쥐가 더 경험이라는 것을 할 수 있다고 생각할 것이기 때문이다. 박쥐가 경험을 할 수 있다면, 이는 '박쥐로 존재한다는 것과 유사한 무언가가 있다'는 것을 의미한다. 박쥐는 초음파를 발사하여 물체의 형태와 크기, 위치와 속도를 알아내는 방식으로 주변과 상호작용하므로 인간의 경험과는 완전히 다르고, 그렇기 때문에 흥미로운 예시가 될 수 있다. 그들의 음파 탐지 능력을 우리의 시각에 유비類比하여 부분적으로는 이해할 수 있겠지만, 이 능력 자체가 우리에겐 생소하기에 이런 비교역시 의미 없게 느껴진다.

네이글은 우리가 박쥐의 경험을 상상이나 할 수 있는지 질문한다.

네이글은 나나 당신이 박쥐로 산다면 어떨지를 묻는 것이 아니라, 박쥐가 박쥐로 사는 것은 어떤 것일지를 질문한다는 점을 강조한다. 그는 당신이 박쥐와 몸을 바꿔 박쥐의 몸으로 하는 경험을 할 수 있는 상황을 상상해 보라고 하지는 않는다. 오히려 박쥐 스스로에게 경험이 어떻게 드러나는지가 그의 관심사다. 우리 인간은 심리적으로도 신경학적으로도 박쥐와 전혀 다르게 구성되어 있기에, 박쥐로 사는 경험이란 이론적으로 불가능하다. 그렇기에 우리는 처음부터 끝까지 인간의 경험만 할 수 있으며, 바로 그 이유 때문에 궁극적으로는 박쥐와 같은 방식으로 세계를 경험할 수 없다.

박쥐로 사는 것이 어떤지 이해할 수 없는 상태는 우리 자신을 제외한 다른 생명체(심지어 다른 인간을 포함해서)의 주관적 상태를 상상할 때 왜 신중해야 하는지를 알려준다. 한편으로 우리는 그 경험들이 얼마나 깊거나 피상적일지 가정해서는 안 되며, 다른 한편으로는 우리가 영영 알 수 없는, 다른 개별체가 자신의 내부에서 홀로 경험하는 주관적인 삶이 있다는 점을 인정해야 한다. 이는 단순히 이 경험들이 우리가 볼 수도 없고, 따라서 식별할 수도 없는 생각이라는 요소로 신비롭게 숨겨져 있기 때문이 아니다. 오히려 우리가 박쥐가 아니기에, 인간이 아니라 오직 박쥐로서 생각하고 인식하는 능력을 가진 박쥐의 경험을 원칙적으로 결코 이해할 수 없는 것과 같은 이치다.

경험은 물질적이지 않다

네이글은 그가 **'심리-물리적 환원'**이라고 부른 주제에 관심이 있었다. 이는 본질적으로 심리적인 경험을 물리적 육체의 상태와 동일시하는 기획이다. 이 관점에서 마음의 상태는 물리적 배열일 뿐이며 오직 그런 관점으로만 적절하게 이해될 수 있다. 마음의 상태를 물리적 배

박쥐와 인간이 나무를 경험하는 방식

열로만 설명하려는 과학적 충동은 얼마나 생산적이든, 객관성 개념
으로 대체된 관점의 독특함에 뿌리박고 있다.

네이글은 박쥐 삶의 주관성에 주목하여 이런 유물론적 입장을 비
판한다. 당연하게도 이는 경험을 할 수 있는 생명체의 내밀한 삶에
동등하게 적용되므로 특별히 박쥐여야 하는 것은 아니다. 무엇이 됐
든 이런 생명체의 경험은 최소한 우리가 물리적인 세계에 대해 이해
하는 한 객관적이고 물리적인 특징만으로는 설명할 수 없다. 우리가
경험의 영역에서 무슨 일이 일어나는지를 단순히 물리적으로만 설
명하거나 해석하려 하면, 우리가 이해하고자 하는 주관성에 대해서
는 길을 잃는다.

경험의 심리적인 요소를 물질과 결부시키는 것은 그 말이 도대체

박쥐로 살아가는 것이 어떤지는 자기 자신을
박쥐의 마음에 대입하는 것과 다르다.

무엇을 의미하는지 이해해야 한다는 중대한 함의를 품고 있다. 심리적인 이벤트가 단순히 육체적인 것이라면, 그것이 어떻게 가능한지 완전히 이해하기 어렵다. 뇌의 상태에 따라 심리적 현상이 발생한다고 설명할 수도 있다. 그러나 이를 사실로 받아들인다면, 과연 심리적인 상태에 대해 얼마나 많은 것을 설명하거나 말해줄 수 있는가? 그렇게 많이 말해주지는 않는 것 같다.

생각에서 감정까지 심리적 현상의 전체적인 배열은 물리적인 용어를 통해 이론적으로 묘사될 수 있지만, 마음의 내용이 어떠한지는 조명할 수 없다. 어느 시점에서는 아름다운 노래를 들었을 때 느끼는 즐거움이나 소설의 줄거리를 이해하며 상상하는 것을 뇌에서 작동하는 시냅스와 다른 화학 물질 등의 용어로 설명하게 될 수도 있다. 하지만 노래나 창조적인 글쓰기의 결과물이 주는 즐거움을 경험하는 부분에 대해서는 그 즐거움을 느끼는 것이 어떤 것인지 묘사할 수 없다. 〈박쥐로 사는 것은 어떤 것일까?〉라는 논문의 말미에서 네이글은 바로 이 점이 물리주의가 가진 맹점이라고 지적한다. 존재하는 것이 전부 물질에 불과하다는 것이 사실이라면, 물리주의는 누군가로 존재하는 것이 어떤지 본질을 설명하기 위해 주관적 상태를 인식하고 설명할 방법을 찾아내야 할 것이다.

43

역사는 변증법적으로 발전한다
헤겔의 테제,
안티테제, 진테제

변증법의 역사는 철학의 역사에서 흔히 살펴볼 수 있다. 고대 그리스에서 플라톤은 두 화자가 대화를 나누며 진리를 찾아가는 철학적 실천의 위대한 전통의 기초를 다졌다.

반대되는 두 입장이 충돌하는 것은 단순히 다른 생각을 하는 사람들끼리 이견을 주고받으려는 것이 아니라, 서로의 입장을 비판하는 것을 통해 앎의 위치로 나아가기 위해서다. G. W. F 헤겔(1770~1831)은 이런 변증법의 개념을 개인의 차원이 아니라 모든 영역에 적용하여 확장했다.

플라톤의 변증술

헤겔은 변증법적 실천이 철학의 핵심이라고 생각했지만, 플라톤의 변증술은 충돌하는 두 주장이 해결책을 찾아가는 방법을 전혀 포함하지 않았다. 헤겔은 플라톤이 나눈 대화에 '전부 아니면 전무'와 같은 절대적인 측면 때문에, 대화가 진전될 수 없다고 보았다. 그래서

헤겔은 플라톤의 변증술을 철학적 진전의 건설적인 형태로 발전시켰다.

어떤 입장을 따져보고 그것이 부족한 것으로 밝혀지면, 토론에 참여하는 사람들은 새로운 입장에 의존하여 처음부터 다시 시작해야 했다.

헤겔의 변증법

헤겔은 과학적인 변증법이라면 '테제/안티테제/진테제'라고 부르는 객관적인 진전이 일어나야 한다고 생각했다. 이 그리스어 단어들은 헤겔이 직접 붙인 이름은 아니지만, 철학적 진전을 설명하는 데 도움이 된다.

간단하게 말해 테제/안티테제/진테제는 각기 다른 세 부분을 말하는 것이 아니라, 지식을 형성하는 과정에서 발생하는 논리적으로 일관된 '세 가지 단계'를 의미한다. 첫째 단계인 **테제**는 생각이나 주장, 논의의 주제로 이론이나 정의가 제시되는 단계다. 둘째로 **안티테제**에서는 변증법적 요소가 그 모습을 드러낸다. 첫째 단계에서 주장을 제시할 뿐 논쟁이 이루어지지 않았던 것에 비하면 둘째 단계는 첫째 단계에서 제시한 주장 내부의 모순을 드러나게 한다. 셋째이자 마지막 단계인 **진테제**에서는 둘째 단계에서 드러난 갈등이 해소된다. 셋째 단계에서 등장하는 해결책에는 몇 가지 특징이 있지만, 둘째 단계에서 모습을 드러낸 모순 속에서 새롭고 중요한 것들이 나타나는 단계라는 점을 이해하는 것이 가장 중요하다.

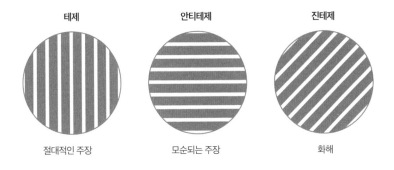

테제	안티테제	진테제
절대적인 주장	모순되는 주장	화해

따라서 둘째 단계에 나타난 모순은 첫째 단계에서 주장된 내용에 대한 평가 그 이상이다. 모순은 막다른 곳이 아니라 논의의 시작점, 적어도 다른 사람들이 따르게 될 주장의 또 다른 연결고리다. 헤겔은 셋째 단계의 (이렇게 부를 수 있다면) 결론을 내용뿐 아니라 그런 주장이 나오게 된 방식 때문에 중요하게 생각했다. 이 때문에 헤겔은 이 전체적인 과정을 '**확정적 부정의**' 중 하나라고 말하곤 했다. 이 과정은 확실하고 의문의 여지 없는 결론을 도출했으므로 확정적이다. 모순은 본래 주장을 완전히 붕괴시키는 결과를 낳지 않았다. 동시에 이 과정은 확정적이고, 따라서 내용을 가지고 있다 하더라도 그 내용이 둘째 단계에서 나타난 모순의 결과이므로 부정이다.

존재/무/생성

이 모든 내용이 설득력 있게 들릴 수 있지만 여전히 추상적이다. 그러므로 예시를 살펴보기 전에, 이런 추상화가 어떤 목적을 수행하는지 먼저 이해해 보자.

헤겔은 모든 지식이 형성되는 과정을 묘사하려 했으므로 이 과정은 논리학, 역사학, 철학 등 다양한 분야에 모두 적용될 수 있도록 충분히 폭이 넓어야 한다. 테제/안티테제/진테제에 대한 가장 흔한 예시는 '존재/무/생성'이다. 즉 존재가 절대적인 명제이자 단순명료한 주장이라면, 존재의 반대는 무다. 이는 꽤 명확해 보인다. 마지막은 생성 개념으로, 완전히 존재하는 것도 아니지만 없지도 않은, 존재하면서 존재하지 않는 상태로 나타나기 시작하는 개념이다.

총체적인 과정으로서 변증법

헤겔의 이론에서 중요한 지점은 그가 마지막 단계에만 방점을 찍는 것이 아니라 전체적인 과정을 강조했다는 점이다. 그 이유는 과정 전체를 통해 결론을 도출할 수 있었기 때문이다. 다만 마지막 단계에는 중요한 다른 요소가 있다. 그것은 진테제라는 마지막 단계, 그 자체로 '전체성'을 담고 있다는 믿음이다. 마지막 단계에서 나타난 결론은 그전에 없다가 갑자기 나타난 게 아니다. 마지막 단계는 이전의 두 단계를 품고 있다. 즉 전 단계에 논의된 것들을 자기 안에 가지고 있으면서 동시에 그것들을 대체하거나 보충했다고 볼 수 있다. 이 은유가 조금 과할 수도 있지만, 이전 단계가 진테제 안에서 재활용되고 새로운 옷을 입었다고도 말할 수 있다. 변증법을 이렇게 이해하면 부정이 테제를 완전히 부정하고 제거한 결과로서 홀로 존재하는 것이 아니라는 점을 알 수 있다.

헤겔 변증법 vs. 플라톤 변증술

헤겔은 자신의 3단계 변증법이 플라톤의 전통적인 변증술보다 여러 가지 면에서 우월하다고 생각했다. 먼저, 우리는 진테제의 '유기적인' 첫째, 특징이 앞선 두 단계에서 일어난 결과로서 표출된다고 말할 수 있다. 주어진 테제는 플라톤이 용기나 경건함의 정의를 내린 것처럼 무작위로 주어지고 검토되는 것이 아니라 발전하고 다듬어질 수 있는 개념들이다. 둘째로, 진테제는 앞서 말해진 것 위에 쌓이며 발전하고 새롭게 변화한다. 셋째로, 이 과정은 연속적인 진테제의 예시들이 앞서 제시된 것들보다 더 많은 것을 내포한다는 점에서 진정한 진보라고 할 수 있다. 마지막으로, 이 과정은 어느 시점에 진테제였던 것이 또 다른 과정에서는 테제가 될 수 있기에 완성을 향해 나아간다. 다음에 다가올 새로운 변증법적 과정에는 제시된 모든 것이 마찬가지로 앞으로 만들어질 진테제에 보존된다.

변증법을 통해 완성으로 나아간다는 사상은 헤겔의 역사철학으로 확장되어 널리 알려졌다. 세계는 끝없이 변화하는 상태에 놓여 있지만 각 시대마다 각각의 특징을 가지고 있다. **시대정신**^{zeitgeist}이라고도 불리는 이 특징은 기존 체제에서 새로운 진테제, 혁명으로 세계를 휩쓸며 우리를 역사적인 시점으로 데려간다.

| 존재 | 무 | 생성 |

변증법의 예시

44

가치와 해석의 틀이 선택을 좌우한다
뉴컴의 역설

뉴컴의 역설 또는 뉴컴의 문제는 논리학, 결정 이론, 철학과 신학에까지 흥미로운 결과를 가져온 특이한 철학적 역설 중 하나다. 이 역설의 해결책에 대한 분석이 꽤 복잡하긴 하지만, 논제 자체는 간단하게 시작한다. 상자가 두 개 놓여 있다. 당신은 두 상자 중 하나에 든 내용물을 선택할지, 두 상자 모두에 들어 있는 내용물을 선택할지 결정해야 한다.

뉴컴의 역설 상황

아직까지는 꽤 쉬운 문제처럼 보인다. 두 상자를 모두 선택하고 열어 본 뒤 내용물이 맘에 들지 않으면 쓰레기통에 던지면 되지 않을까? 그러나 이 난제에는 일을 복잡하게 꼬아놓는 제약 사항이 있다. 먼저, 두 상자 중 하나는 투명하지만 나머지 하나는 그렇지 않다. 즉 당신은 투명한 상자에 든 것은 확실히 볼 수 있지만, 나머지 상자에 든 것은 볼 수 없다. 상황은 여기서 더 복잡해진다. 투명한 상자에는 1000파운드(또는 당신이 선호하는 다른 통화)가 들어 있어서, 당신은 두툼한 지폐 뭉치를 확실하게 볼 수 있다. 불투명한 상자는 두 가지 가능성을 품고 있다. 하지만 내부를 볼 수 없으므로, 당신은 그 안에 든 것이 둘 중 무엇인지 알 수 없다. 불투명한 상자는 비어 있거나, 100

258 알아두면 쓸모 있는 철학 상식 사전

1000파운드가 든
투명한 상자

100만 파운드가 들어 있거나
텅 빈 불투명한 상자

당신이 1000파운드가 든 상자를 선택한다면 무오류의 존재가 나머지 상자에 100만 파운드를 담아둘 것이다. 그러나 두 상자를 모두 선택한다면 그는 나머지 상자를 빈 채로 둘 것이다. 상자 하나를 택해야 하는가, 둘 디를 택해야 하는가?

만 파운드가 들어 있다.

당신이 행운의 주인공이 될지 아니면 아무것도 얻지 못할지는 무엇이 결정하는 걸까? 바로 여기서 이상한 요소가 등장한다. 불투명한 상자에 100만 파운드가 들어 있을지 아무것도 없을지는 당신이 무엇을 하는지에 달렸다. 왜냐하면 당신이 무엇을 선택할지를 한 치의 오차 없이 정확하게 예측하는 존재가 있기 때문이다. 만약 이 존재가 당신이 두 상자 모두를 선택할 것을 예견한다면, 불투명한 상자에는 아무것도 들어 있지 않을 것이다. 그러나 이 존재가 당신이 1000파운드가 들어 있는 투명한 상자 하나만을 선택한다고 예측한다면, 불투명한 상자에는 100만 파운드가 들어 있을 것이다.

상자 하나를 고를 것인가 둘 다 고를 것인가

이 조건하에서 당신은 어떤 상자를 고를 것인가? 1000파운드가 든 상자 하나, 아니면 두 상자 모두? 이 지성적인 존재가 당신이 두 상자 모두를 고를 것이라는 사실을 예측하는 순간 100만 파운드는 날아간다는 조건을 명심하라. 그렇다면 당신은 무엇을 고를 것인가? 이 존재가 예지력을 가지고 있다는 점을 알고 있다면 당신은 상자 하나만을 선택하는 방향으로 움직일 것이다. 어쨌든 두 상자 모두를 선택한다면 그 존재는 이미 당신이 그럴 것이라는 점을 예견했으므로 불투명한 상자는 텅 비어 있을 것이다. 논리적으로 생각해 보면 두 상자 모두를 선택하는 것은 시간 낭비다. 이 존재가 이미 그 사실을 예견했을 것이기 때문이다. 그러니 1000파운드가 든 투명한 상자를 선택하는 게 낫다.

상자 하나 또는 둘 다를 선택할 이유	
상자 하나를 선택한다	두 상자 모두 선택한다
두 상자를 모두 선택하면, 지적인 존재는 그것을 알 테고, 둘째 상자에 100만 파운드를 넣지 않을 것이기에 두 상자를 모두 선택하는 것은 시간 낭비다.	상자를 하나만 선택하면 나는 둘째 상자에 들어 있을 수도 있는 것을 놓치게 된다. 둘째 상자가 비어 있을 수도 있지만 그렇다고 해서 내가 잃을 것은 아무것도 없다.

둘 다를 선택하라는 유혹

그러나 두 상자 모두를 선택하는 것에도 합리적인 면이 있다. 두 상자를 바라보며, 당신은 속으로 '돈이 들어 있든지 안 들어 있든지 둘 중 하나다. 내 생각이나 상자를 선택하는 행위가 이 상자의 내용물에 영향을 미칠 수는 없다. 나머지 상자에 돈이 들어 있지 않다고 해도 나는 투명한 상자의 1000파운드를 여전히 받을 수 있지 않나. 하지만 다른 상자에 100만 파운드가 들어 있다면 더욱 좋겠지'라고 생각할 수도 있다.

당신의 혼잣말 속에는 '잃을 게 없다'는 관점이 또 하나 있다. 당신은 상자 하나를 선택하건 둘 다를 선택하건 결과적으로 1000파운드는 얻게 된다고 생각할 것이다. 그러나 두 상자를 모두 선택한다면 두 번째로 고르는 상자에 100만 파운드가 들어 있는 반전이 있을 수도 있다. 그런 반전이 없다고 하더라도 당신은 여전히 1000파운드를 얻을 수 있으며, 이는 상자 하나를 선택하는 것과 비교하여 전혀 나쁠 것이 없다.

의도된 대로, 사람들은 이 역설에 격렬한 반응을 보였고 두 상자를 모두 선택할지 말지에 대해서도 강하게 의견을 내세웠다. 오직 가능성의 측면에서만 따져봐도, 상자 하나를 선택하면 100만 파운드는 받을 수 없는 것이 명백해지지만 상자 두 개를 선택하면 100만 파운드를 받을 가능성이 극대화되므로 둘 다를 선택하는 것이 현명하다. 우리는 이 선택지가 돈을 더 많이 받는 것이 중요한 사람, 또는 이 모순을 통계적인 문제로 접근하는 사람에게 매력적으로 다가온다고 말할 수 있다.

상자 하나만 선택하는 것에 이끌리는 사람들은 설정된 조건에 확고하게 주목하여, 우리가 어떤 선택을 할지 한 치의 오차도 없이 알고 있는 존재의 지식에 도전하는 것은 어리석다고 생각하는 사람들이다. 사람들이 이 존재를 '신'이라는 개념으로 대체해서 생각하기가 쉽다는 것이 이 문제가 보여주는 또 다른 난점이다. 즉 뉴컴의 역설은 복잡한 신학의 문제를 이어받아 도덕적인 문제로 서서히 변화시키기도 한다. 신이 알고 있는 것에 도전하고자 하는 사람이 누구인가?

이 역설에 대한 신학적 해석은 아마도 옳은 해석은 아니겠지만,

이는 이 철학적 딜레마를 해결할 수 있는(해결할 수 있다면) 핵심 요소를 분리해 준다. 이 요소는 우리가 이 역설을 어떤 가치를 통해, 또는 어떤 해석의 틀을 통해 이해하는지와 관련 있다. 이 모순의 어떤 요소에 주목하는지에 따라 무엇을 선택할지가 달라진다. 우리가 무오류의 존재가 가진 전지적 능력에 초점을 맞추고, 그것이 우리가 내릴 미래의 선택을 알 수 있다는 점을 중시한다면 우리는 상자를 하나만 선택할 것이다. 그러나 우리가 전적으로 통계적인 가능성과 받을 수도 있는 돈의 액수에만 집중한다면 두 상자를 모두 선택할 것이다.

뉴컴의 역설에서 가장 흥미로운 부분은 불투명한 상자에 어떤 일이 일어날지에 대한 것이다. 우리가 상자 하나 또는 둘 다를 선택하는 순간, 불투명한 상자에는 100만 파운드가 들어 있을까, 들어 있지 않을까? 그 상자가 투명하다면 우리는 무엇을 보게 될까? 만약 상자가 투명하다면 100만 파운드를 직접 눈으로 볼 수 있으니 우리의 선택은 둘 다를 선택하는 쪽으로 완전히 달라질 것이다. 아니면, 그 돈이 거기 들어 있다 하더라도 우리가 두 상자 모두를 선택하는 순간 무오류의 존재가 그 돈을 사라지게 만들 것이라고 가정하게 될까? 이는 뉴컴의 역설 사고실험이 우리가 그 문제를 해결하기 위해 어떤 전제나 해석을 적용하는지에 달려 있다는, 중요하고도 숨겨진 측면을 보여준다.

45

정확한 언어로 세계를 기술하려는 열망
논리실증주의

논리실증주의는 20세기 초에 등장한 지식의 본질에 대한 철학 운동으로, 철학과 논리학적 실천에 폭넓게 영향을 미쳤다. '논리경험주의'라고도 불리는 이 운동은 끈질길 만큼 실증이라는 원칙에 충실했던 것으로 잘 알려져 있다. 논리실증주의는 진술이 참인지 거짓인지를 최우선으로 여기는 것이 원칙이므로 어떤 명제든 참이라고 증명이 되었을 때에만 의미가 있으며, 그렇지 않을 때는 허위다. 논리실증주의에서는 제기된 사실이나 주장이 거짓으로 판명되는 것이 참도 거짓도 아닌 상황보다 더 바람직하다고 본다.

논리실증주의자들은 이런 원칙을 추구했기에, 학문적 추구의 모든 영역을 무의미한 것으로 간주했다. 여기에는 윤리학, 형이상학적 주장, 신의 계시를 받았다는 종교적 주장, 개인적 직관을 통해 도달한 신념 등이 포함된다. 논리실증주의 운동의 창시자 중 한 명으로 알려진 A. J. 에이어(1910~1989)의 경우 흄의 "그것들을 불에 던져버려라"라는 견해가 모든 사변적인 진술에 반드시 적용되어야 한다고 말했을 정도로 형이상학을 혹평했다. 같은 철학적 그룹으로 묶이지는 않지만 논리실증주의자들은 루트비히 비트겐슈타인(1889~1951)이나 루돌프 카르나프(1891~1970) 같이 뛰어난 수많은 철학자들과도 20세기

에이어는 20세기 철학사에 엄청난 영향을 끼친 철학자이며 논리실증주의의 주춧돌을 놓은 사람이다.

초반의 50년간 여러 면에서 지지를 주고받았다. 또한 이 움직임은 오늘날 '분석철학'이라고 불리는 철학이 확산하는 데 일조하기도 했다.

실증주의적 기획

실증주의가 어떤 입장을 거부했는지보다 어떤 입장을 견지하고자 했는지를 실제 관점에서 바라본다면, 논리실증주의는 모든 과학적인 탐구에서 통용될 수 있는 언어로 지식을 명료하게 하여 표준화하고자 했다. 이는 세계를 기술하는 언어를 향한 열망에서 시작되었다고 볼 수 있는데, 즉 언어가 세계에 존재하는 대상이나 상태를 지시해야 한다는 이야기다. 우리 외부의 세계는 우리의 감각에 의해 확증되는 대상이므로, 우리는 언어로 주장된 내용이 참인지 거짓인지를 확정하거나 부정하려고 주장과 세계를 짝지어 볼 수 있다.

실증주의의 입장에서 절대적으로 명확한 것은, 어떤 표현이 참도 거짓도 될 수 없고, 경험적으로 증명될 수도 없다면 그 문장은 옳지 않거나 잘못 말한 문장 정도가 아니라 어떤 것도 말하지 않는 문장이라는 점이다. 아마도 그 문장은 발화자의 느낌 정도를 이야기하는 것이겠지만, 명제로서는 아무런 의미가 없다.

철학적 주제로서 언어

더 자세히 말하자면 논리실증주의는 철학과 언어의 관계, 그리고 앎을 깨치려는 인간의 노력과 언어의 관계에 개념적으로 관련되거나 그것을 중심으로 하는 믿음이 합쳐진 기획이라고 할 수 있다. 논리실증주의는 궁극적으로 정확한 언어를 향한 언어의 표준을 만들 방법을 찾는 것 외에도 실제 세계와 비교하여 확증할 수 없는, 부정확하고 의미 없는 주장을 물리쳐야 한다고 주장했다. 여기에는 확증할 수 없는 판단을 담은 명제인 '어떤 사람도 덕을 갖추지 않았다'나 '결혼은 아름다운 것이다' 같은 문장도 포함된다. 그만큼 정확성과 명료함을 강조했기에, 철학적 논증이나 주장을 최대한 투명하게 참인지 거짓인지 따져볼 수 있는 형식적이고 논리적인 진술 형태로 바꾸는 것도 중요했다. 논리실증주의자들은 이론적인 추상화에 저항하고 일반화된 주장을 지양했으며, 대신 개별 상황의 정교함에 엄청난 주의를 기울였다.

논리실증주의는 명확성에 큰 가치를 부여했으므로 일상적인 언어의 활용을 아주 중요한 주제로 보았다. 이 말은 언어의 의미가 그것의 용례로 결정된다는 것을 부분적으로 인정했다는 말이기도 하다. 즉 우리는 언어가 실제로 어떻게 사용하는지에 주목해야만 그 의미를 이해할 수 있고, 철학 이론도 언어가 통상적으로 활용되는 방식에 따라 평가되고 이해되어야 한다는 뜻이다.

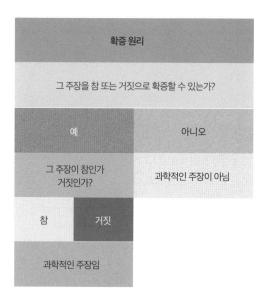

논리실증주의자들은 엄밀한 과학의 요구에 적용할 수 있는 순수한 언어를 탐구하며 언어가 근본적으로 특정한 기초적인 진술들로 좁혀질 수 있다고 생각하게 되었다. 다시, 이 진술들은 세계에서 일어나는 일과 관련이 있으므로 이론적으로나 실제로 관찰되거나 확증할 수 있으며, 참이거나 거짓이다. 즉 아무리 복잡하고 정교한 과학 이론을 설명하기 위해 쓰인 진술이라 해도 결국 관찰 가능한 사건으로 환원할 수 있다.

논리실증주의에 대한 내·외부의 도전

논리실증주의가 확산되면서 내·외부적으로 압력이 가해졌다. 그중 가장 주요했던 비판은 확증의 원리 자체에 대한 것으로, 이는 논리실증주의가 쇠퇴한 원인으로 꼽히기도 한다. 확증의 원리는 그 원리 자체가 감각적으로 확증될 수 있는 대상이 아니라는 점에서 비판받았다. 경험주의적 수단을 통해 확증의 원리를 어떻게 확증할 수 있을까? 이런 이유 때문에 실증주의의 비판자들은 논리실증주의가 시작부터 망한, 자기 모순적인 기획이라고 생각했다. 이에 실증주의자들은 확증의 원리는 대체할 수 없을 정도로 귀중한 규칙이 아니라 실증주의적 탐구를 더 잘 수행할 수 있도록 도와주는 실용적이고 가설적인 지침, 또는 관습에 가까운 것이라고 답변했다.

실증주의는 또한 자연의 보편적인 법칙과 물리학이라는 중대한 도전에 맞닥뜨렸다. 개별 사례들이 누적되면서 법칙이 만들어지는 과정은 확증될 수 있었지만, 일반화된 자연법칙 자체는 확증될 수 없었다. 새롭게 발견된 예시들이 각각 자연법칙의 권위를 강화할 수 있다 해도, 그 법칙을 반증하는 뜻밖의 예시도 있기 마련이었다. 즉 강철이 특정한 온도에서 녹는 것처럼 우리에게 여태까지 주어진 모든 예시가 사실인 경우가 있지만, 언젠가 미래에 그 온도에서 녹지 않는 강철을 발견할 수도 있으므로 그것을 법칙으로 공식화할 수는 없다. 모든 변수가 통제된 실험실 같은 이상적인 환경에서도 준비된 강철이 전혀 예상하지 못한 다른 온도에서 녹을 수 있는 확률도 이론적으로는 가능하다. 실증주의자들 사이에서도 논란의 여지가 있었던 이 문제에 대한 해결책은 어떤 명제가 현실에서 그러한지 확증될 필요는 없으며, 원칙적인 차원에서만 확증할 수 있으면 된다고 말하는 것이었다.

말할 필요도 없이, 논리실증주의의 핵심에 자리 잡고 있었던 확증 원리가 중대한 난점을 불러왔으므로 실증주의는 한 세기를 넘기며 살아남을 수 없었다.

과학 법칙은 확증 원리에 도전한다

예 : '물은 섭씨 100도에서 끓는다.'

섭씨 100도에서 끓지 않는 물이 어딘가에 존재할 수도 있다. 그러니 법칙을 공표하려면 모든 곳에 존재하는 모든 물의 지식을 가져야만 하거나, 확증 원리로 과학 법칙을 해명할 수 없다.

46

우리는 프로그램 속 존재일까?
컴퓨터 시뮬레이션으로서의 세계

우리는 정교한 컴퓨터 프로그램 안에서 살고 있는 것일까? 말도 안 되는 이야기로 들릴 수 있지만, 어떤 철학자들과 과학자들은 이것이 가능할 뿐만 아니라 그럴듯한 이야기라고 생각했다. 철학의 역사에는 우리가 어떻게 존재할 수 있는지, 또는 우리가 어떻게 현실의 본질에 속고 있는지에 대한 수많은 논의가 존재한다.

플라톤은 현실에 대한 우리의 인식 속에 깊게 숨겨진 무지를 묘사하기 위해 잘 알려진 비유인 동굴 우화를 활용했다. 데카르트는 사악한 악마가 자신을 희롱하려고 자신의 모든 생각과 감각을 촉발하는 것이 아닐까 의심하기도 했다. 칸트는 세계를 현실을 눈앞에 드러나는 현상적인 세계와 그 자체로 존재하는 본질적인 세계로 나누었다. 즉 거대한 환상으로서 현실이라는 개념은 완전히 새로운 이야기가 아니다.

컴퓨터 시뮬레이션
컴퓨터 시뮬레이션의 기본적인 개념은 실제 사람이 컴퓨터 게임 속

가상현실에 들어갔다거나 사람이 프로그램에 흡수되었다는 수준의 이야기가 아니다. 이 개념은 여러분 자체가 그 시뮬레이션의 일부라는 것으로, 훨씬 포괄적이다. 즉 몸, 감각지각, 감정, 심지어 이것을 읽으며드는 여러분의 생각까지도 지적인 이해 능력이 있는 컴퓨터 코드에 의해 좌우되고 있다는 개념이다.

우리 세계가 컴퓨터 시뮬레이션이기 위한 선결 조건

만약 이 모든 것이 사실이라면, 이 컴퓨터 시뮬레이션은 누가 만들었을까? 그 이유는 무엇일까? 그리고 가장 중요한데 이것이 사실이라는 증거나 논증은 무엇인가? 이 거대한 환상이 실제이기 위해서는 어떤 전제들이 필요한지 먼저 살펴봐야 한다.

우선 우리 마음이 컴퓨터의 작동 이상도 이하도 아니라는 것이 가능하려면, 적어도 이론상으로 우리 마음이 컴퓨터로 모델링될 수 있어 인간의 마음을 복제하거나 충분히 모방할 수 있어야 한다. 의식의 복잡성을 만들어 낼 필요가 있기 때문에 이 인공적인 마음을 창조

알려진 우주

정교한 컴퓨터

컴퓨터 시뮬레이션으로서의 세계

알아두면 쓸모 있는 철학 상식 사전

할 때 인간 경험의 총체에 완전히 충실하게 대응해야 한다. 또한 컴퓨터는 우리가 인간 육체 내부의 정신으로서 다양한 신체기관과 장기가 상호작용하며 느끼고 인식하는 경험을 정확하게 재생산해야 하고, 인간이 심신을 가진 존재로서 느끼는 고통과 쾌락 역시 느끼게 할 수 있어야 한다. 마음은 텅 빈 선박이 아니라 외부 세계에 대해 느끼는 온갖 종류의 생각과 믿음, 욕망으로 가득 차 있으므로 마음을 정밀하게 설계하는 시뮬레이션이라면 우리 마음이 경험하는 내용을 형성하는 외부 세계 역시 동일하게 만들어 내야 한다.

시뮬레이션의 범위와 세심한 설계

즉 컴퓨터 프로그램 속에서든 다른 어디에서든 우리 마음을 시뮬레이션하려면 세계 역시 시뮬레이션해야 한다.

우리 마음과 세계, 둘 다 엄청나게 복잡하기 때문에 여러분은 이 둘을 효율적으로 시뮬레이션하는 컴퓨터를 상상하는 것이 불가능에 가깝다고 생각할 수 있다. 물론 이런 컴퓨터를 상상하려면 상상력을

이렇게 정교하고 광대한 우리 우주가 컴퓨터 코드의 결과물로 설명될 수 있을까?

최대한 발휘해야 하지만, 시뮬레이션 이론을 지지하는 사람들은 그것이 무리한 상상이라고 생각하지 않는다. 그들은 지난 몇십 년간 컴퓨터의 처리 속도가 놀라울 정도로 빨라졌다고 지적한다. 무어의 법칙이 그 예가 될 수 있다.

무어의 법칙은 몇십 년간 사실로 판명된 예측으로, 마이크로프로세서 칩에 달린 트랜지스터의 개수가 2년마다 두 배로 증가하며 컴퓨터의 계산 속도도 평행하게 증가한다는 법칙이다. 이렇게 놀라운 기술의 진보가 앞으로도 지속될지는 아직 확실하지 않지만 50년, 100년, 혹은 500년 뒤의 미래에 보통의 가정집에 보급된 컴퓨터의 성능이 우리가 지금 상상하는 그 어떤 것보다 훨씬 앞서 있을 것이라고 예측하는 것은 전혀 어색하지 않다.

컴퓨터 시뮬레이션의 현실성

앞서 이 논증의 토대를 언급한 것처럼, 우리는 이제 시뮬레이션 이론에서 가장 중요하다고 할 수 있는 배경 설정을 기억해야 한다. 컴퓨터가 사실 마음을 시뮬레이션할 수 없다면, 이때 마음은 컴퓨터 프로그램의 산물인지 아닌지를 결정할 능력이 없다고 보는 것이 논리적으로 참이다. 무엇이 가상의 마음이고 무엇이 실제 마음인지 구분할 수 없다는 조건은 이 사고실험을 특정한 방향으로 흘러가게 한다.

시뮬레이션 가설의 틀 안에서 우리는 이미 충분히 정교한 컴퓨터가 마음을 시뮬레이션하는 것이 가능하다는 사실을 당연하게 받아들이기 때문에 우리가 아주 특정한 종류의 시뮬레이션일 수 있다는 결론이 따라오는 것이다. 미래 세대는 요구되는 수준의 기술로 조상들의 삶을 시뮬레이션해 볼 수 있다. 그 미래 세대가 우리일 수 있다.

또 다른 가능성은 외계인들이 자기들 나름대로 우리처럼 기술 발전이 열악한 문명의 시뮬레이션을 돌려보고 있다는 것이다. 어쨌든 두 시나리오 모두에서, 아니면 그와 비슷한 다른 각본에서, 시뮬레이션 세계를 만들 만큼 진보한 사회는 모두 그 세계 안에서 시뮬레이션 된 사람들을 많이 만들어 낼 것이다. 더 나아가 그들은 더 많은 세계를 시뮬레이션하여 시뮬레이션 된 사람들을 기하급수적으로 늘릴 수도 있다.

우리가 컴퓨터 시뮬레이션일 통계적 확률

세계를 시뮬레이션하는 것이 가능하다면 달갑지 않은 결말은 우리도 시뮬레이션 된 마음 중 하나일 확률이 있다는 것이다. 이는 시뮬레이션 된 사람의 수가 진짜 사람의 수보다 많을 수도 있다는 사실, 그래서 우리는 스스로가 시뮬레이션인지 실제인지 확인할 방법이 없다는 사실에 근거한다. 우리가 진짜인지 시뮬레이션인지 알 수 없기 때문에, 우리는 시뮬레이션일 가능성도 있다.

시뮬레이션 논쟁은 원칙적으로 마음을 슈퍼컴퓨터 내부에서 똑같이 모방할 수 있다고 생각하는지의 여부에 달려 있다. 하지만 그럴 수도 있다는 불안만으로도 실존과 윤리관에 중요한 질문을 제기한다. 만약 어느 시점에 우리가 사람들의 시뮬레이션을 만들 수 있다면, 그것을 실행해야 할까? 또 만약 우리가 시뮬레이션이라면, 그 사실은 우리가 삶을 살아가는 방식에 어떻게 영향을 줄까?

인간 마음을 복제할 만큼 성능이 좋은 컴퓨터가 있다고 가정해 보자.

그 컴퓨터는 한 명의 마음을 10조 개로 복제할 수 있어서 시뮬레이션 된 사람이 진짜 사람의 수를 넘어서게 되고, 따라서 정황상 당신도 시뮬레이션 된 사람일 것이다.

시뮬레이션
된 사람

시뮬레이션
된 사람

진짜 사람

시뮬레이션
된 사람

시뮬레이션
된 사람

시뮬레이션
된 사람

알아두면 쓸모 있는 철학 상식 사전

47

풀리지 않는 의문
자아정체성이라는 수수께끼

자아정체성은 풀리지 않는 미스터리다. 우리는 자아정체성을 일상적 경험의 기본 전제로 받아들인다. 즉 나는 인간이고, 인간으로서 나는 일반적인 의미에서 어제의 나와 같고 미래의 나와도 같을 것이며 먼 미래에도 나로 존재할 것이다. 그러나 이런 전제의 토대가 무엇인지 확실히 알기 어렵다.

우리가 개체라면, 한 사람을 인간 개체로 만드는 것은 무엇일까? 정말로, 우리 자신의 주체란 무엇일까? 육체, 정신, 영혼, 그리고 다른 무언가, 아니면 그 모든 것이 합쳐진 것일까?

이 질문의 답을 찾으려면 우리 자신의 개성을 입증하기 어렵다는 주어진 조건 아래서 우리가 동일한 사람이라는 점을 설득력 있게 주장할 수 있는지 검토해야 한다. 예를 들어 우리가 물리적 육체로 구별되며 우리의 육체는 매일 변화하고 시간이 지날수록 더욱 급격하게 변화한다고 하면, 이는 열 살의 켈리와 스물다섯 살의 켈리, 예순 살의 켈리가 과연 동일한 사람인가 하는 중대한 질문으로 이어진다. 자아정체성이라는 문제는 명백히 개성 또는 개별성과 긴밀하게 엮여 있으며 자아의 지속성을 논하는 문제이기에, 영혼과 내세의 존재까지 건드리는 종교적인 지점을 품고 있기도 하다.

자아정체성의 중요성

이 문제에는 당연히 실용적인 측면도 있다. 심리적으로 우리는 시간이 지나도 자신이 동일한 사람이라는 점을 당연하게 받아들인다. 이는 우리가 왜 과거의 기억을 중요하게 생각하며, 아직 해보지 못한 좋은 경험을 열망하는지 설명해 준다. 왜냐하면 우리는 우리가 동일한 사람이라고 믿으며, 과거도 미래도 우리에게 속한다고 생각하기 때문이다. 그러니 자아정체성이라는 문제가 의미 없는 사색처럼 보인다 해도, 우리는 자신이 근본적으로 누구인지에 대한 개념을 갖고 있기에 이는 우리에게 영향을 미치고, 자아상은 우리가 인생을 어떻게 살아가는지에도 영향을 준다.

사람은 항상 변화한다

인간의 삶이 변화한다는 점은 부정하기 어렵다. 어릴 때와 어른이 된 후의 심리 상태가 다른 것, 나이 드는 것과 육체가 성숙해지는 과정 등이 대표적인 변화의 예시다. 하지만 윤리관의 변화나 개종, 형성된 기억의 망각 등 중요하지만 간과되는 변화도 있다. 이 모든 변화가 우리가 누구인지에 영향을 미친다. 인간으로서 변화라는 본성을 타고났다면, 우리는 우리가 누구인지를 어떻게 설명할 수 있을까?

위에서 살펴본 대로 이 질문에 대답하기 어렵게 만드는 조건들이 있다. 자아나 인격은 사실 존재하지 않는다는 급진적인 관점도 있다. 이 관점에 이끌리는 사람은 많지 않겠지만, 이 관점은 우리가 특정한 방식으로 존재한다는 것을 부정하지는 않는다. 오히려 이 관점은 우리가 가진 인격이란 개념이 현실에 존재하는 실체에 대응되지 않는 모호한 개념이라는 점을 주장한다. 이와 유사하게 사실 우리는 하나의 단일한 개체가 아니지만, 스스로 두뇌 속에서 특정한 방식으로 서로 연관된 상태나 사건의 연속으로서 우리가 '**자아**'라고 이름 붙인 것을 구성한다는 입장도 있다.

기억과 자아

자아의 존재를 부정하는 흔치 않은 관점을 인정하면서도, 많은 사상가들에게는 우리의 심리가 지속적으로 유지된다는 점을 설명하기 위해 자아 이론이 필요하다. 이런 주장을 최초로 한 사람 중에 존 로크(1632~1704)가 있다. 로크의 관점은 꽤 단도직입적인데, 한 사람이 누구인지는 그의 기억을 통해 알 수 있다고 본다. 당신이 과거에 있었던 특정한 사건이나 경험의 기억을 그 당시 그 삶을 살고 있었던 바로 그 사람의 관점에서 간직할 수 있다면 당신은 그와 동일한 사람이다.

토머스 리드(1710~1796)는 로크의 입장을 비판한 것으로 잘 알려져 있는데, 비판이 아주 예리하다. 리드는 인생에서 중요한 3단계를 거친 용감한 장교를 상상해 보라고 주문한다.

우리가 처음 상상한 그의 모습은

로크는 기억의 지속성이 자아정체성을 충분히 보증한다는 입장이었다.

1. 매 맞던 장난꾸러기 소년

2. 용맹했던 늠름한 장교

3. 장군이 된 용감한 남성

2는 1이었던 것을 기억할 수 있고,
3은 2였던 것을 기억할 수 있지만,
3은 1이었던 것을 기억하지 못한다.

리드의 용맹한 장교 : 기억은 자아정체성의 토대가 될 수 없다.

학교에서 잘 적응하지 못하고 매를 맞는 어린 남자아이다. 훗날 임관하여 젊은 장교가 된 그는 전투에 용맹하게 임하는 육체적으로 성숙한 남자다. 마지막으로 노인이 된 그는 장군이 되었다. 리드는 다음과 같이 질문한다. (둘째 단계의) 젊은 장교가 어릴 적 학교를 다니던 시절에 자신이 했던 어리석은 장난을 기억할 수 있고, (셋째 단계의) 현명한 장군이 젊은 장교 시절 그가 세운 용맹한 공적은 기억하지만 소년 시절에 매 맞은 것은 기억하지 못한다면? 리드는, 로크의 관점에서 소년과 젊은 장교, 나이 든 장군은 연관된 기억을 공유하므로 동일 인물이라고 볼 수 있다고 말한다. 하지만 로크의 관점을 따르면 나이 든 장군은 소년과 동일인물이 아니라는 이상한 결론으로 이어진다.

알아두면 쓸모 있는 철학 상식 사전

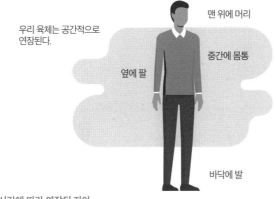

우리 육체는 공간적으로 연장된다.

맨 위에 머리

중간에 몸통

옆에 팔

바닥에 발

시간에 따라 연장된 자아

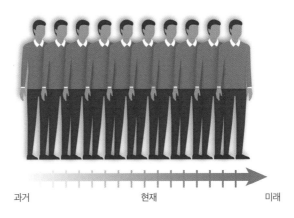

과거   현재   미래

우리의 자아 역시 시간적으로 연장된다.

공간적으로 확장된 자아의 개념

다른 사람들은 시간의 흐름에 따라 자아가 연장되는 것으로 생각했다. 언뜻 듣기에 이는 어색하게 들린다. 그렇지만 우리가 신발을 신고 모자를 쓰는 등 공간적으로 연장된다는 사실을 곰곰이 생각해 보면 시간적으로도 연장될 수 있다는 말에도 일리가 있다. 이런 관점에서, 사람은 시간뿐만 아니라 공간적으로도 연장되는 인격으로 존재한다.

자아로서의 영혼

자아정체성에서는 자아를 영혼과 동일시하는 입장이 우리에겐 더욱 친숙한 접근법이다. 영혼의 존재와 본질에는 논란의 여지가 있지만, 많은 사람이 우리의 몸속에 영혼이 있다는 관점을 지지한다. 영혼은 비물질적인 실체로, 우리의 일반적인 정신적 삶과 특히 의식의 중심이 영혼에 자리 잡고 있다고 생각하는 것이다. 뿐만 아니라 자아와 육체를 동일시하는 경우 육체, 즉 자아를 파괴할 수 있는 변화에도 우리의 영혼은 비물질적인 실체이므로 영향을 받지 않는다고 생각한다. 이런 관점에서 영혼은 시간이 흐르며 그것이 자리 잡은 육체와 그 육체에 속한 정신적인 속성이 변화하고 발전한다 해도 단일한 주체로서 영속한다.

알아두면 쓸모 있는 철학 상식 사전

48

인간이기에 지니는 권리
인권의 발전

오늘날 인권을 외치는 일은 익숙하다. 건강보험이나 생활 임금, 더 추상적으로는 행복 추구나 신념을 표출할 자유 등은 모두 흔히 '인권'이라고 인식되는 가치다. 인권은 한편에서는 권리를 주장하고, 다른 한편으로는 다른 사람들이 지키고 존중하며 심지어는 법으로 제정해야 할 의무가 있는 권리가 있다는 것을 보여준다.

한때는 권리라는 개념 자체가 오늘날처럼 당연하게 받아들여지지 않던 시절도 있었다. 오늘날 인권에 대한 논의는 인권이라고 불릴 가치가 있는 개념이 무엇인지를 중심으로 이루어지는 경향이 있지만, 애초에 인권이라는 개념 자체가 확립되어야 했다는 점을 인식하는 것도 중요하다.

인권의 보편적 특성

인권에는 여러 요소가 있다. 권리의 실천은 언제나, 적어도 원칙적으로는 불가침의 영역이다. 인권은 모든 시간대에 적용되는 것에서 더 나아가 모든 사람에게도 적용된다. 그러므로 인권은 보편적이다. 권리란 사람들이 지니고 실천하는 것으로, 타인에게도 인식되어야 한다. 시대의 상황에 걸맞게 권리는 법의 형태로 인식되었다. 인권은 '인간'의 권리이므로 어떤 사람이 특정한 국가의 시민이기 때문에 얻는 권리처럼 특정한 그룹에 속하거나 인권이 주는 특권을 향유하기 위해 돈을 지불하고 얻을 수 있는 것이 아니다. 인권이란 것이 존재한다면, 단지 인간이라는 이유로 모든 사람에게 보장되어야 한다.

신정법이 반영된 인권

권리가 법률이나 공동체 내에서 지켜지는 규칙조차 되지 못할 때는 인권이 도입되어야 할 이유가 필요했다. 그렇지 않으면 인권은 결코 권리로 인식되지 못했을 것이다.

역사적으로 인권 개념이 최초로 비롯된 원천은 성스러움이었을 것이다. 신은 인간으로 태어났기에, 인간에게 다른 인간으로부터 특정한 대우를 받을 권리를 부여했다. 유일신 또는 복수의 신을 믿는 사회에서, 또는 최소한 신성한 의지를 반영하는 법률을 제정하려는 정부에서, 인권은 사회적 삶의 기본적인 특징을 이룬다. 물론 일반적으로 이런 종교적인 정당화를 받아들이지 않는 사회에서는 인권의 시초를 설명하는 다른 이유가 있을 것이다.

인권의 법적 개념

누군가는 인권이 우리에게 주어졌다는 것 말고는 왜 그것을 받아들여야 하는지 설명하지 않는 천부인권 개념을 인정하지 않을 수 있다. 그러나 위에서 명령하고 아래에서 받아들이는 법적 권리의 탄생은 인권의 법적 공표 과정에서도 드러났다. 사실 인권법 문서는 이 사실을 숨기지도 않으며, 인권을 설득하고자 노력하는 것이 아니라 그것이 결정

1789년에 발표한 프랑스의 〈세계 인권 선언〉은 인간의 권리를 공표하는 문서의 초기 버전이다.

되었고 법적으로 제정될 것임을 발표하는 맥락에서 '선언'이라고까지 불린다. 예를 들면, 유럽 인권 조약의 한 조항은 "누구도 노예 상태에 놓이거나 강요된 노동을 해서는 안 된다"라고 언급한다. 노예제 폐지가 좋은 것이라는 점에는 동의한다 하더라도, 여기에는 왜 우리가 그것을 좋은 것으로 생각해야 하는지를 설명하는 논증은 없다.

인권의 특징		
보편적	모든 시대에	
	모든 사람에게	
침해될 수 없음		
대개 법으로 제정됨		
도덕적 기반에 정초했다고 생각됨		

인권이라는 보편적 믿음

종교적인 정부든 세속적인 정부든 인권이 좋은 것이라는 점은 둘 다 인정한다. 하지만 그들이 인권을 받아들이고 입법하는 것은 어떻게 정당화될 수 있을까? 먼저, 어떤 사회든 그곳에서 살아가는 사람들이 인간 삶에 대해 갖는 도덕적인 실천과 믿음을 인정하는 방식으로 접근할 수 있다. 이는 몇 가지 이유로 문제적이다. 모든 사회가 인권의 기초라고 동의하는 인간 삶의 면면을 발견하기는 쉽지 않다. 더 나아가, 공유된 도덕이라는 맥락에서 법률을 제정하는 것은 애매할 수 있다. 모든 사람이 거짓말은 나쁘다는 데 동의한다면, 이를 반영하는 법률의 형태는 어때야 할까? 그리고 거짓말을 한 사람에 대해서는 어떤 벌칙을 주어야 할까?

노예 상태에서 해방될 권리는 합의에 이르렀다.

그럼에도 종교에서 유래되었든 그렇지 않든 도덕성에 기초하여 인권을 형성하는 것은 순조로운 출발점처럼 보인다. 인권은 인류의 공동선, 실용적인 고려사항이나 필요, 또는 공정성이나 평등을 목표로 한다는 점에서도 정당화될 수 있다. 공정성이나 평등 같은 호소 중 일부는 정당화 원칙 자체에 대해 앞서 존재하는 약속에 의존한다. 즉 공정함이 그 자체로 추구할 만큼 바람직한 것이 아니거나 좋은 것이라고 정당하게 간주되지 않는다면, 그것은 권리를 정당화하는 역할을 할 수 없다.

어떤 권리가 인권인가?

인권이 어떤 권리를 가리키며 그것을 어떻게 확정할지는 활발하게 논의되는 주제다. 이 논의에서 가장 많은 논쟁이 이루어지는 분야는 사회적 영역에 들어가는 권리에 대한 것이다. 이는 교육, 식량, 고용과 관련된 권리들이다. 표현의 자유나 결사의 자유, 고문당하지 않을 자유 등 시민권이나 정치적인 권리는 더 든든한 토양 위에 서 있다. 차별금지법은 인간은 인간으로 태어났기에 권리를 가지며, 인간 본성에 부여된 이 권리는 소수자 집단의 구성원이라는 이유로 박탈될 수 없다고 주장하므로 인권에 호소한다고 볼 수 있는 측면이 있다. 이런 점을 생각해 보면 인권은 역사적으로 핍박받거나 학대받고 손가락질당한 사람들의 권리라고 이해할 수도 있다. 성별 간 평등과 인종 평등, 종교 평등, 그리고 다른 범주에서의 평등 역시도 강조된다.

우리가 인권의 확산이 좋은 일이라고 생각하는 만큼, 인권 개념에 대한 비판도 존재한다. 인권에 포함된 내용의 리스트가 길어질수록 포함된 권리들의 가치에 동의하지 않는 사람도 늘어난다.

또 다른 우려는 선택된 특정한 권리들이 세계의 작은 일부만을 반영한다는 점이다. 이런 우려는 인권 개념 자체로 확장되기도 한다. 인권은 서구 산업사회의 개념이며 다른 문화에는 억지로 이식된 것이라는 비판도 존재한다. 그러나 인권의 가치나 정당성이 무엇이든 간에, 인권은 다가올 오랜 시간 동안 우리와 함께할 것이다.

인권을 정당화하는 다양한 요소들			
신정법	공유된 도덕	평등	실용성

49

상상력으로 현실을 가늠하다
사고실험

사고실험은 멀게는 최소 고대 그리스까지 거슬러 올라가는 긴 역사가 있는 심리적 도구다. 모든 사고실험이 갖는 공통점에 대해서 논의하기 전에, 먼저 사고실험의 예시 몇 가지를 살펴보며 사고실험이 무엇인지 쉽고 간단하게 이해해 보자.

사고실험은 어떤 철학에서건 찾을 수 있다. 가장 널리 알려지고 많이 사용된 사고실험은 아마도 '트롤리 문제'일 것이다. 트롤리 문제는 빠르게 움직이는 열차를 기존의 경로대로 가게 두어, 다섯 명을 치어 죽게 만들 것인지, 아니면 레버를 당겨 경로를 틀어 한 명만 치게 할 것인지의 선택에 관한 도덕적 딜레마를 다루는 사고실험이다.

기게스의 신화

플라톤은 사고실험을 활용해 개념적으로 복잡한 문제를 깨달을 수 있게 했으며 일상적인 도덕을 탐구하기도 했다. 기게스의 신화에 등장하는 기게스라는 인물은 손가락에 끼우면 투명인간이 될 수 있는 반지를 발견한다. 플라톤은 평소에는 평판이 나빠지는 것에 대한 두려움을 정의로운 행동의 동기로 삼는 사람이 이 반지를 끼게 된다면 어떻게 행동할지 질문한다. 플라톤이 보기에 소위 정의롭다는 이 사람은 평판을 고려하여 행동하는 사람이며 이 반지는 그가 저지른 잘못이 드러나지 않게 해줄 것이므로, 그는 반지를 낀 순간 정의롭지 않은 행동을 할 것이다.

창 던지는 사람과 아리스토텔레스

고대 로마에서 유래한 또 다른 사고실험은 루크레티우스가 착안한 것으로, 우주가 무한하다는 에피쿠로스적 생각을 방어하려는 것이었다. 루크레티우스는 우주의 끝에 한 남자가 창을 들고 서 있는 모습을 상상해 보라고 주문한다. 이 남자가 들고 있는 창을 던지면 두 가지 경우의 일이 일어날 수 있다. 하나는 창이 우주를 지나 경계를 넘어서 우주 바깥의 어딘가로 날아가는 것이다. 나머지 하나는 그 창이 벽이나 장애물에 부딪혀 우주 바깥으로 나가지 못하는 경우다. 하지만 이것은 우주 바깥에 무언가 있다는 것을 보여준다. 두 가지 선택지 중 무슨 일이 일어나든 우주 바깥에는 무언가 존재한다는 뜻이 되고, 루크레티우스는 이를 우주가 무한하고 끝이 없다는 결정적인 증거로 활용한다.

아리스토텔레스도 우주론의 영역에서 똑같은 사고실험을 했다. 그는 하늘이 움직이기를 멈추는 순간을 상상해 보라고 한 뒤 지구를 상상해 보라고 한다. 그리고 그는 만약 하늘의 움직임이 (그가 생각한 대로) 지구가 제자리에 머물 수 있는 원인이라면, 이때 지구가 어느 방향으로 움직일 것 같은지 묻는다.

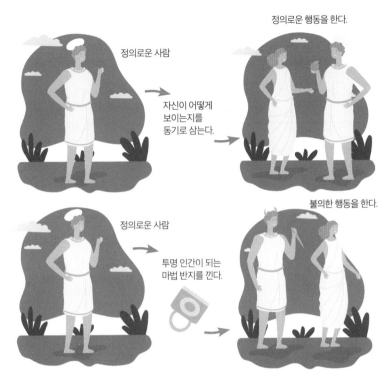

정의로운 행동을 한다.

정의로운 사람

자신이 어떻게
보이는지를
동기로 삼는다.

불의한 행동을 한다.

정의로운 사람

투명 인간이 되는
마법 반지를 낀다.

플라톤이 제시한 기게스의 반지

사고실험과 과학 실험의 차이

루크레티우스와 플라톤, 아리스토텔레스는 이 예시를 통해 무언가 보
여주려 하며, 그들이 그것을 보여주는 방식은 우리에게 스스로 생각
하는 능력을 통해 주어진 상황을 따라가다 보면 마주할 결과를 상상
하게 하는 것이다.

　사고실험에 위험 요소가 있다면 사고실험의 설정과 그것을 고안
한 철학자의 주장에 따라오는 내용 사이에 잠재적인 모순이 있다는
점이다. 실제로 우주의 끝에 가서 창을 던질 수는 없으므로, 우리는

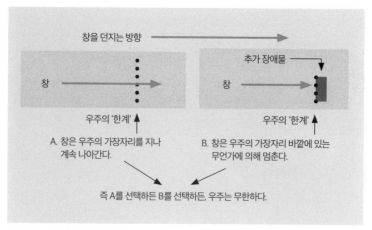

우주의 무한함에 대한 창 던지기 논증

해당 사고실험뿐만 아니라 거기서 발견해야 하는 '교훈'까지도 상상력에 의존해야 한다. 모두 우주의 본질을 다루는 아리스토텔레스와 루크레티우스의 예시가 그렇다. 하지만 루크레티우스는 그의 사고 과정이 어떻게 흘러가는지에 대해서는 더 명확했으며, 그의 사고실험이 우주의 유한함에 대해 보여주는 것은 꽤 분명하다. 하지만 아리스토텔레스의 사고실험에서는 지구의 위치 변화나 그것의 함의가 무엇이며 왜 그렇게 움직이는지를 우리가 어떻게 상상해야 하는지 명확하지 않다. 사고실험의 지지자들에게는 그것을 만든 사람이 자신감 있게 결론이 무엇인지 말해주지 않아도 될 정도로 그 사고실험이 명백하다고 생각되겠지만 말이다!

　루크레티우스의 사고실험은 사고실험의 또 다른 측면을 보여주는 좋은 예다. 사고실험이라는 이름처럼, 이는 과학에서 사용되는 경험주의에 기반한 실험과 비유적으로 유사하게 창안된 것이다. 사고실험이 생물학, 수학, 경제학 등 다양한 과학적 분야에서도 사용될 정도로 제한 없이 적용된다는 점은 놀랍지 않다. 예를 들어 물리학에서는 뉴턴이 사고실험을 활용했으며, 갈릴레이 역시 동일한 부피의 물질을 떨어뜨리면 동시에 낙하한다는 결론을 얻으려고 피사의 사탑이 아니라 사고실험을 활용했다는 증거가 있다.

사고실험에서의 상상력

한편 사고실험이 다루는 범위는 사고실험이 무엇이며 그것을 어떻게 이해해야 하는지에 대한 질문을 다시 제기한다. 사고실험에서 상상력이 얽히고설킨 방식으로 활용되는 것은 한편으로는 그 사고실험을 반박하는 데 쓰일 수도 있다. 사고실험에 회의적인 사람들은 사고실험이 결론을 보여주긴 하는지 미심쩍다고 생각하며, 사고실험에서 사람들이 얻는 결론은 그것을 착안한 철학자의 상상력이 인도하는 방향과 정확히 같다는 비판도 있다. 또한 사고실험에서 상정되는 가상의 세계와 현실 세계 사이의 관계에도 모순이 있을 수 있다는 문제를 제기한다. 이 말은 현실 세계가 아니라 우리 마음속에서 벌어지는 사고실험이, 어쨌든 우리 머리 밖에 존재하는 실제 세계에 대한 믿음을 성공적으로 형성하는 것이 어딘가 이상하다는 이야기다.

사고실험을 통해 완전히 새로운 정보를 얻게 되는가, 아니면 마음속으로 수행한 사고실험은 그저 바깥세상에 이미 존재하던 정보를 뽑아주는 역할만 할 뿐인가? 이처럼 더 나아간 질문도 던질 수 있다. 이 두 가지 가능성에서 우리는 사고실험에 대해 대립하는 두 가지 설명을 발견할 수 있다. 이 설명은 사고실험이 직관과 논증 중 무엇에 가까운지를 파헤친다. 사고실험이 직관에 가깝다면, 우리는 사고실험을 진행하는 동안 세계가 존재하는 방식에 대한 무언가를 인식하거나

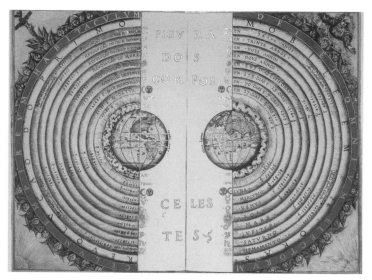

아리스토텔레스의 지동설 우주론은 프톨레마이오스에 의해 확장되었고 중세에 더욱 폭넓게
활용되었다.

그에 대한 직관을 얻을 수 있다. 왜냐하면 사고실험의 개념적 배치 자체가 그것을 허락하기 때문이다. 반면 사고실험이 논증에 가깝다면, 그것은 특정한 경우를 보여주거나 만들어 내기 위해 설계된 방식대로 드러난다.

사고실험이 언제나 확신을 주는 것은 아니지만 스스로 생각해 볼 기회를 주는 것은 분명하다. 그 참된 본질이 무엇이든, 사고실험은 우리의 상상력에 접근할 수 있으므로 설득을 위한 매력적인 도구로 활용된다.

50

우리의 말이 우리의 생각을 결정한다
언어와 사고

루트비히 비트겐슈타인은 "언어의 한계는 나의 세계의 한계를 의미한다"라고 말했으며, "말할 수 없는 것은 침묵해야 한다"라는 문장으로 더 잘 알려져 있다. 이 두 가지 생각은 사피어-워프 가설의 핵심을 잘 전달한다. 비트겐슈타인 본인은 그 가설의 지지자가 아니었지만 말이다. 사피어-워프 가설은 우리의 사고가 우리가 말하는 방식에 영향을 주는 만큼, 언어도 사고방식을 형성한다는 생각을 따른다.

사피어-워프 가설 훑어보기

'언어적 상대성'이라고도 불리는 사피어-워프 가설은 우리가 말하는 방식이 우리가 사용하는 언어에 의해 조건 지어지거나 결정된다는 가설이다. 이는 에드워드 사피어(1884~1939)와

비트겐슈타인은 철학의 가장 중요한 목표는 우리가 언어에 의해 길을 잃는 것을 방지하는 것이라고 생각했다.

벤자민 워프(1897~1941)라는, 이 가설을 형성한 개념을 생각해 낸 두 사람의 성을 따 이름 붙여진 가설이다. 이 이론에는 적어도 두 가지 버전이 있다. 더 강한 버전은 우리의 사고가 우리가 사용하는 언어에 의해 완전히 결정된다는 입장이다.

언어와 사고

사피어-워프 가설이 '언어적 상대성'이라는 이름으로 알려진 이유는 만약 우리가 쓰는 특정한 언어가 우리의 사고방식을 규정한다면, 다

한 사회의 언어를 이해하지 못한다는 것은 외계인이 된다는 것이다.

양한 언어가 존재하는 만큼 다양한 사고방식이 존재할 것이라는 생각 때문이다. 각각의 언어는 고유한 개념과 이해, 사고가 형성되는 생각의 틀이 있다. 이런 것을 강조하기 때문에 사피어-워프 가설은 언어 사이의 차이를 조명하는 이론으로 활용되었다. 이와 대조적으로 노엄 촘스키가 제시한 **보편 문법**은 모든 언어에는 보편적인 구조적 특징이 존재한다는 것이다.

공통 경험과 사피어-워프 가설

세계를 잘 들여다보면, 사피어-워프 가설의 증거를 쉽게 찾을 수 있다. 우리는 알고 있는 단어에 대해서만 논의하는 경향이 있으며, 공통된 경험을 벗어나는 단어들은 우리가 이해하기에는 이국적이고 낯설다고 생각하곤 한다. 다양한 국가 사이에 맺은 조약과 국제관계를 들여다보면 영국과 미국, 캐나다와 호주처럼 영어라는 같은 언어를 공유하는 국가들이 서로 비영어권 국가와 맺는 관계보다 더 가까운 관계를 맺고 있을지 궁금해진다. 우리가 전혀 모르는 언어를 사용하는 나라로 휴가를 떠난다면 그보다 더 소외되는 경험은 없을 것이다. 인간으로서 공유하는 공통적인 조건이 있음에도, 우리는 같은 말을 하고 생각하는 사람들 사이에서 느끼는 삶의 편안함에서 멀어지게 된다. 사피어-워프 가설은 이 모든 현상이 우연이 아니라고 말한다.

언어의 문화적 현시

이런 상황은 언어가 높은 수준에서 사회적이라는 안도감을 느끼게 한다. 언어는 사회적이고 정치적인 맥락에서 발화되고 쓰일 뿐 아니라, 본질적으로는 공동체에서 발생하는 것이다. 우리는 보통 하나의 지배적인 언어를 사용하는 사회에서 태어나고 자란다. 그런 언어조차도 시간과 장소에 따라 변화한다. 같은 나라에서도 도시인지 시골인지에 따라 언어 용례에 차이가 있다는 점을 생각하자. 영어를 쓰는 방식이 다양하다는 것은 왜 찰스 디킨스가 런던에 대해 쓴 소설이 어니스트 헤밍웨이가 미국에 대해 쓴 소설과 그토록 다른지 설명해 준다.

언어가 우리 사고를 결정하는가?

지금까지 우리는 사피어-워프 가설의 한 가지 측면인, 사람들이 다른 언어를 쓰기 때문에 사회도 달라진다는 지점을 살펴보았다. 그러나 이 가설에는 일반론적 차원에서 언어란 그것이 언어인 한 필연적으로 제한된다는 또 다른 측면이 있다. 이것이 참이라면, 우리는 자기가 쓰는 언어로 말할 수 있는 내용만 말하도록 결정되어 있기 때문에 자신이 쓰는 언어에 갇혀 있다고도 볼 수 있다.

어떤 점에서 이것은 언어적 상대성보다 더 무서운 일이다. 우리는 언어의 한계가 무엇인지 모르고, 원칙적으로 알 수도 없기 때문에, 이 지점은 지식이 가능하느냐는 질문을 마주하게 한다. 어쩌면 언어로 표현할 수 없는 진리가 저 바깥에 있을지도 모른다. 그 진실은 언어로 표현될 수 없거나, 언어로 표현할 수 있지만 너무 특이한 것일 수도 있다.

사피어-워프 가설이 사실이라면 우리가 쓰는 언어가 우리에게 진리를 알려주는 과정에서 왜곡이나 오역 없이 알려주는 것도 가능할 것이다. 진리나 지식을 바다를 헤엄치는 물고기로, 언어를 그물망으로 상상해 보자. 낚시를 가면 우리가 보지도 알지도 못하는, 그물망 크기보다 작은 물고기들은 그물을 다 빠져나갈 것이다. 똑같은 방식으로 언어를 통해 표현할 수 없는 모든 진리는 그물을 빠져나간 물고기처럼 우리의 주의를 빠져나갈 것이다. 우리 언어의 궁극적 한계는 그 언어로 무엇을 말할지 결정하는 것이 아니라, 말로 표현할 수 없는 것에서 드러난다.

사피어-워프 가설의 한계

앞서 언급했듯이, 이 가설에는 강한 버전과 약한 버전이 있다. 언어적 상대성에 대한 강한 명제로서, 사피어-워프 가설은 몰락한 것 같다. 동시통역사와 번역의 존재는 한 언어에서 다른 언어로 사고를 전환하는 것이 그렇게 어렵지만은 않은 일이라는 것을 보여주는 강력한 단서다. 최소한 그들의 존재는 여러 언어 사이에는 일반적인 대화와 문헌 자료에 대한 번역을 충분히 가능하게 할 정도의 유사성이 있다는 점을 보여준다.

그러나 이를 특정한 언어 화자의 머릿속에서 일어나는 일은 다른 언어를 쓰는 화자의 머릿속에서 일어나는 일과 결코 똑같이 진행될 수 없다는 것을 겸손하게 지적하는 가설이라고 받아들인다면, 이는 어느 정도 사실일 것이다. 이것의 간단한 예로 본래 쓰인 언어의 음률이 아름다움의 정도를 결정하는 시로 들 수 있다. 아무리 다른 언어로 아름답게 번역되었다 해도, 그 시는 결코 원문과 같은 인상을 줄 수 없다.

사피어-워프 가설은 우리가 그 전체 범위를 결코 알 수 없더라도 어느 정도 진실로 보인다. 이 가설은 우리 모두의 언어와 생각의 시작점이 가끔은 근본적인 수준에서 다르다는 것, 따라서 우리는 대화할 때 다른 문화권에서 온 사람뿐만 아니라 같은 문화권에 속한 사람에게도 인내심과 공감을 갖고 참여해야 한다는 점을 일깨운다.

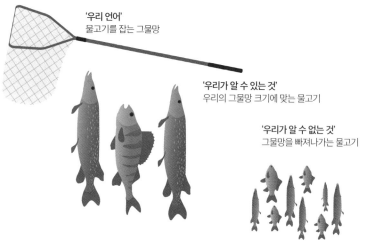

'우리 언어'
물고기를 잡는 그물망

'우리가 알 수 있는 것'
우리의 그물망 크기에 맞는 물고기

'우리가 알 수 없는 것'
그물망을 빠져나가는 물고기

우리의 언어는 세계에 무엇이 존재하는지에 대한 이해를 제한한다.